Impressum
Verlag: BABADADA GmbH, Nedderfeld 112 , 22529 Hamburg
Geschäftsführer / Verlagsleitung: Harald Hof
Druck: Books on Demand GmbH, In de Tarpen 42, 22848 Norderstedt

Imprint
Publisher: BABADADA GmbH, Nedderfeld 112 , 22529 Hamburg, Germany
Managing Director / Publishing direction: Harald Hof
Print: Books on Demand GmbH, In de Tarpen 42, 22848 Norderstedt, Germany

de School

كلاس درس
de Klassenstuuv

تقسیم کردن
delen

186/2

تخته
de Tafel

حیاط مدرسه
de Schoolhoff

معلم
de Schoolmeester

کاغذ
dat Papeer

نوشتن
schrieven

خودکار
de Sticken

میز تحریر
de Schrievdisch

خط کش
dat Lienholt

کتاب
dat Book

دانش آموز
de Schöler

کیف مدرسه
....
de Ranzel

جامدادی
....
de Feddermapp

مداد
....
de Bleesticken

تراش
....
de Scharpmaker

پاک کن
....
dat Radeergummi

دفتر رسم
....
de Tekenblock

طراحی
....
de Teken

قلم مو
....
de Pinsel

جعبه ی آبرنگ
....
de Malkassen

قیچی
....
de Scheer

چسب
....
de Klever

کتاب تمرین
....
dat Heft to'n Öven

تکلیف خانه
....
de Huusopgaav

12

رقم
....
de Tall

2+2

جمع کردن
....
tohooptellen

5-2

تفریق کردن
....
aftrecken

2×2

ضرب کردن
....
malnehmen

محاسبه کردن
....
reken

A

حرف الفبا
....
de Bookstaav

ABCDEFG
HIJKLMN
OPQRSTU
VWXYZ

الفبا
....
dat ABC

hello

کلمه
....
dat Woort

متن
....
de Text

خواندن
....
lesen

گچ
....
de Kried

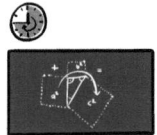

درس
....
de Stunn

ثبت نام
....
dat Klassenbook

امتحان
....
de Pröven

مدرک رسمی
....
dat Tüügnis

لباس مدرسه
....
de Schooluniform

تحصیلات
....
de Utbillen

دانشنامه
....
dat Nakieksel

دانشگاه
....
de Universität

میکروسکوپ
....
dat Mikroskop

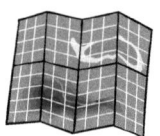

نقشه
....
de Koort

سبد کاغذ باطله
....
de Papeerkorf

de Törn

هتل
dat Hotel
Grand
مسافرخانه
de Harbarg
ROOMS
صرافی
de Wesselstuuv
چمدان
de Kuffer
اتومبيل
dat Auto

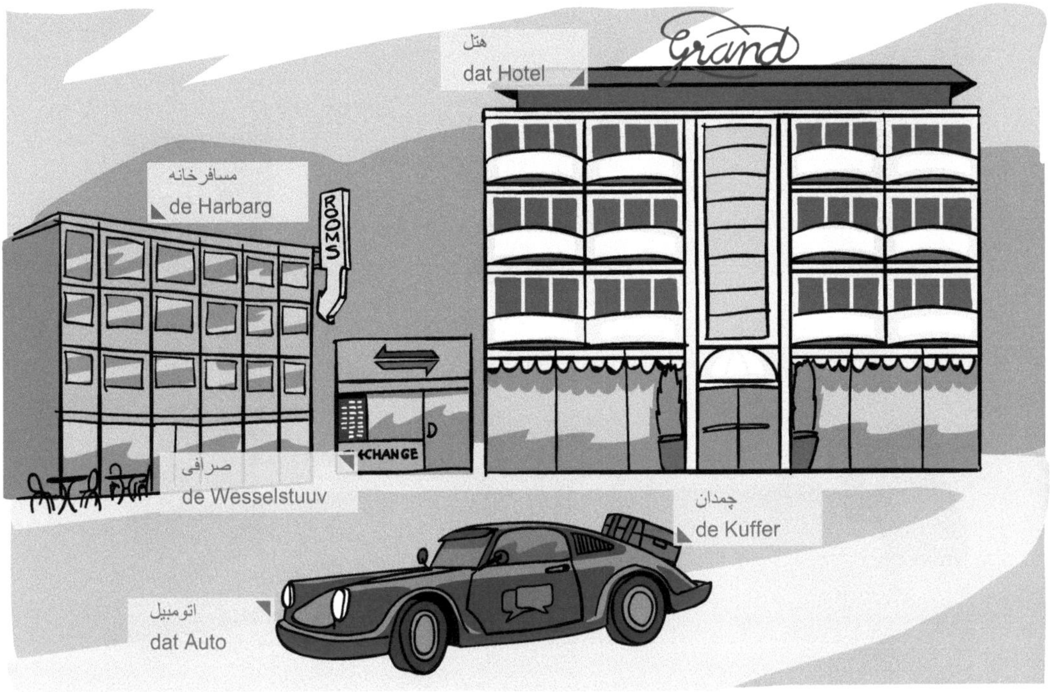

زبان

de Spraak

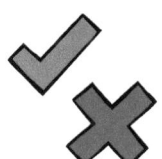

بله / خير

jo / ne

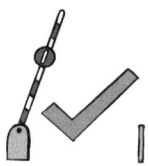

اکی

Jo

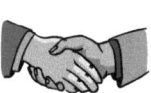

سلام

Moin

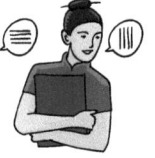

مترجم

de Översetter

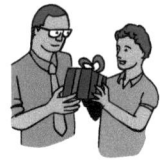

ممنون

Dank ok

قیمت ... چه قدر است؟

Wat kost…?

من متوجه نمی شوم

Ik verstah nich

مشکل

dat Problem

عصر بخیر! / شب بخیر!

Goden Avend

صبح بخیر!

Moin!

شب بخیر!

Gode Nacht!

خدانگهدار

Tschüüs

جهت

de Richt

بار سفر

de Bagaasch

کیف

de Tasch

کوله پشتی

de Rüchsack

مهمان

de Gast

اتاق

de Stuuv

کیسه خواب

de Slaapsack

خیمه

dat Telt

مرکز راهنمای گردشگران

de Touristeninformatschoon

ساحل

de Strand

کارت اعتباری

de Kreditkoort

صبحانه

dat Fröhstück

نهار

dat Meddageten

شام

dat Avendeten

بلیط

de Fohrkort

آسانسور

de Fohrstohl

مهر

de Breefmark

مرز

de Grenz

گمرک

de Toll

سفارتخانه

de Bottschop

ویزا

dat Visum

گذرنامه

de Pass

حمل و نقل

de Transport

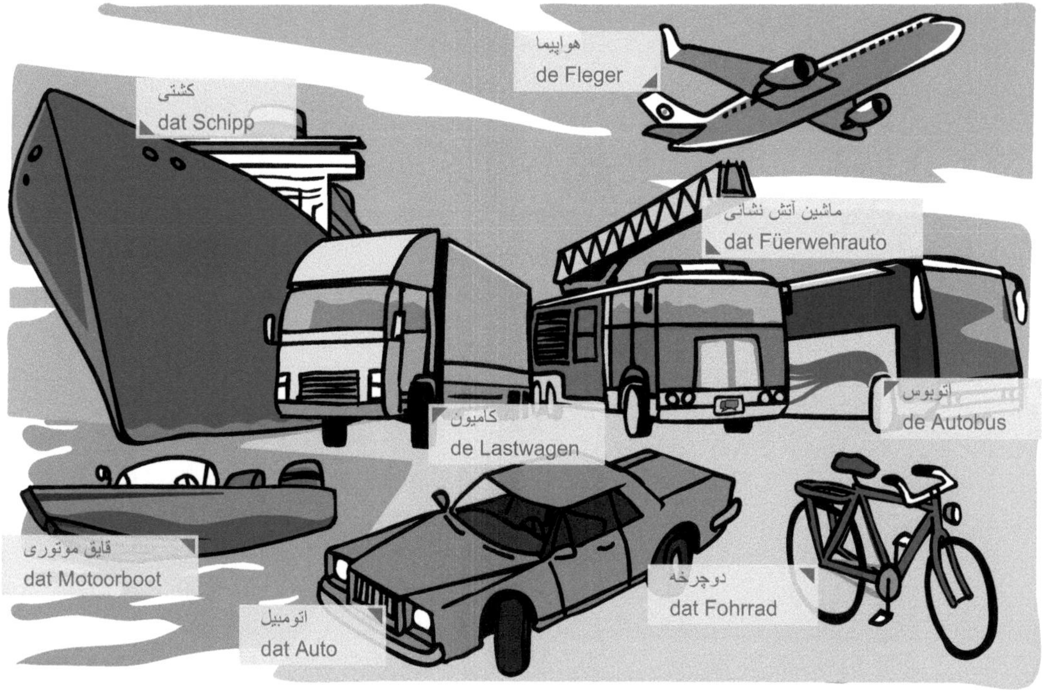

هواپیما
de Fleger
کشتی
dat Schipp
ماشین آتش نشانی
dat Füerwehrauto
اتوبوس
de Autobus
کامیون
de Lastwagen
قایق موتوری
dat Motoorboot
دوچرخه
dat Fohrrad
اتومبیل
dat Auto

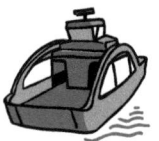

کشتی مسافربری

de Fähr

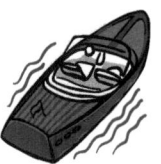

قایق

dat Boot

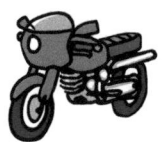

موتورسیکلت

dat Motoorrad

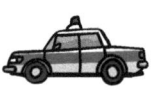

ماشین پلیس

dat Polizeiauto

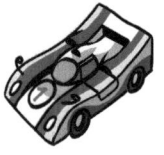

ماشین مسابقه

dat Rönnauto

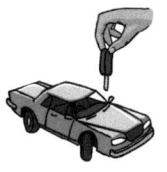

ماشین کرایه ای

de Lehnwagen

به اشتراک گذاری اتوموبیل

dat Carsharing

جرثقیل

de Afsleepwagen

ماشین حمل زباله

dat Müllauto

موتور

de Motoor

بنزین

de Kraftstoff

پمپ بنزین

de Tanksteed

تابلو راهنمایی و رانندگی

dat Verkehrsschild

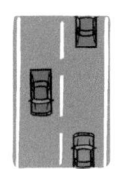

عبور و مرور

de Verkehr

ترافیک

de Stau

پارکینگ

de Afstellplatz

ایستگاه قطار

de Bahnhoff

ریل راه آهن

de Sporen

قطار

de Tog

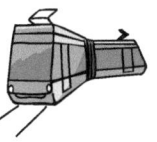

قطار برقی

de Stratenbahn

واگن

de Wagon

هلیکوپتر

de Dwarsmöhl

فرودگاه

de Flooghaven

برج

de Tower

مسافر

de Fohrgast

کانتینر

de Grootkist

کارتن

de Karton

گاری

de Koor

سبد

de Korf

به پرواز درآمدن / فرود آمدن

starten / lannen

شهر

de Stadt

دهکده

dat Dörp

مرکز شهر

de Binnenstadt

خانه

dat Huus

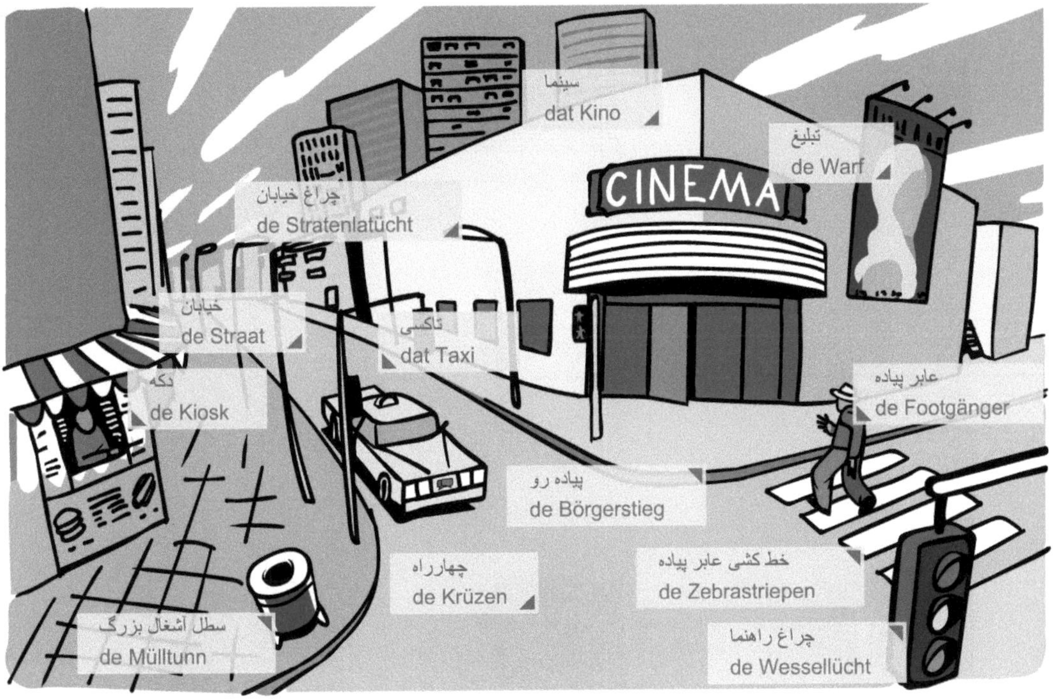

سینما
dat Kino

تبلیغ
de Warf

چراغ خیابان
de Stratenlatücht

خیابان
de Straat

تاکسی
dat Taxi

دکه
de Kiosk

عابر پیاده
de Footgänger

پیاده رو
de Börgerstieg

چهارراه
de Krüzen

خط کشی عابر پیاده
de Zebrastriepen

سطل آشغال بزرگ
de Mülltunn

چراغ راهنما
de Wessellücht

کلبه
de Hütt

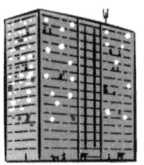

آپارتمان
de Wahnung

ایستگاه قطار
de Bahnhoff

ساختمان شهرداری
dat Raathuus

موزه
dat Museum

مدرسه
de School

دانشگاه

de Universität

بانک

de Bank

بیمارستان

dat Krankenhuus

هتل

dat Hotel

داروخانه

de Afteek

اداره

dat Büro

کتابفروشی

de Bookhökerie

مغازه

de Hökerie

گل فروشی

de Blomenhökerie

سوپرمارکت

de Supermarkt

بازار

de Markt

فروشگاه بزرگ

dat Koophuus

ماهی فروش

de Fischhökerie

مرکز خرید

dat Inkoopszentrum

بندر

de Haven

پارک
....
de Parkanlaag

نیمکت
....
de Bank

پل
....
de Brüch

پله
....
de Trepp

مترو
....
de Ünnergrundbahn

تونل
....
de Tunnel

ایستگاه اتوبوس
....
de Busstoppsteed

میخانه
....
de Bar

رستوران
....
dat Spieslokal

صندوق پست
....
de Breefkassen

تابلوی خیابان
....
dat Stratenschild

دستگاه پارکومتر
....
de Parkklock

باغ وحش
....
de Deertenpark

استخر شنای عمومی
....
de Baadanstalt

مسجد
....
de Moschee

مزرعه

de Buernhoff

آلودگی محیط زیست

de Ümweltversmudden

قبرستان

de Karkhoff

کلیسا

de Kark

زمین بازی

de Speelplatz

معبد

de Tempel

چشم انداز

de Landschop

برگ
dat Blatt

تابلوی راهنمای مسیر
de Wiespahl

راه
de Weg

چمنزار
de Wisch

سنگ
de Steen

درخت
de Boom

راه نورد
de Wannerer

رودخانه
de Fluss

چمن
dat Gras

گل
de Bloom

دره
....
dat Daal

تپه
....
de Barg

دریاچه
....
de See

جنگل
....
dat Holt

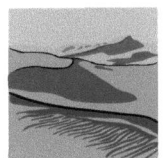

بیابان
....
de Wööst

کوه آتشفشان
....
de Füerspien Barg

قلعه
....
dat Slott

رنگین کمان
....
de Regenbagen

قارچ
....
de Poggenstohl

درخت نخل
....
de Palm

پشه
....
de Steekmück

مگس
....
de Fleeg

مورچه
....
de Miegeemk

زنبور
....
de Imm

عنکبوت
....
de Spinn

سوسک

de Sebber

قورباغه

de Pogg

سنجاب

de Katteker

جوجه تیغی

de Swienegel

خرگوش صحرایی

de Haas

جغد

de Uul

پرنده

de Vagel

قو

de Swaan

گراز

dat Wildswien

گوزن نر

de Hirsch

گوزن شمالی

de Elk

سد آب

de Staudamm

توربین بادی

dat Windrad

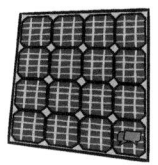

صفحه ی خورشیدی

dat Solarmodul

آب و هوا

dat Klima

رستوران

dat Spieslokal

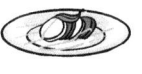

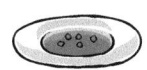

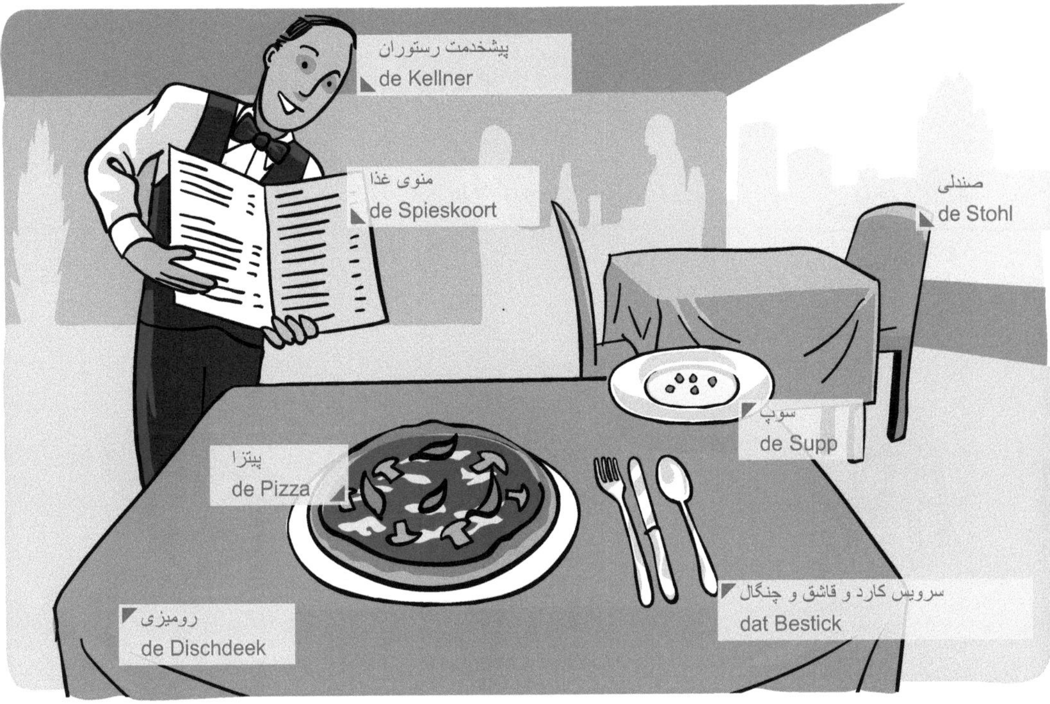
پیشخدمت رستوران
de Kellner
منوی غذا
de Spieskoort
صندلی
de Stohl
سوپ
de Supp
پیتزا
de Pizza
سرویس کارد و قاشق و چنگال
dat Bestick
رومیزی
de Dischdeek

پیش‌غذا
....
de Vörspies

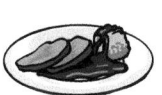

غذای اصلی
....
dat Haupteten

دسر
....
de Nadisch

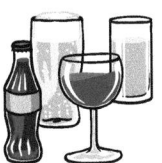

نوشیدنی ها
....
de Drünk

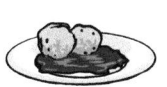

غذا
....
dat Eten

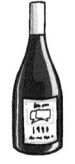

بطری
....
de Buddel

فستّ فود

dat Fastfood

اغذیه خیابانی

dat Strateneten

قوری

de Teekann

قندان

de Zuckerdoos

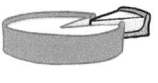

پُرس غذا

de Portschoon

دستگاه اسپرسو

de Espressomaschien

صندلی پایه بلند غذاخوری بچه

de Hoochstohl

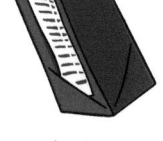

صورتحساب

de Reken

سینی

dat Tablett

چاقو

dat Mess

چنگال

de Gavel

قاشق

de Lepel

قاشق چایخوری

de Teelepel

دستمال سفره

dat Munddook

لیوان

dat Glas

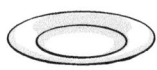

بشقاب
....
de Töller

بشقاب سوپخوری
....
de Suppentöller

نعلبکی
....
de Ünnertass

سس
....
de Sooß

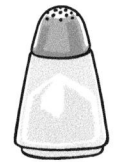

نمکدان
....
de Soltstreuer

فلفل ساب
....
de Pepermöhl

سرکه
....
de Etig

روغن خوراکی
....
dat Ööl

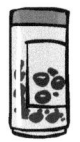 

ادویه جات
....
de Krüder

سس کچاپ
....
de Ketchup

سس خردل
....
de Mostrich

سس مایونز
....
de Mayonnaise

سوپرمارکت

de Supermarkt

پیشنهاد ویژه
dat Anbott
FOR
مشتری
de Kunn
لبنیات
de Melkprodukten
میوه جات
dat Aaft
چرخ دستی خرید
de Inkoopswagen

BUTCHERS

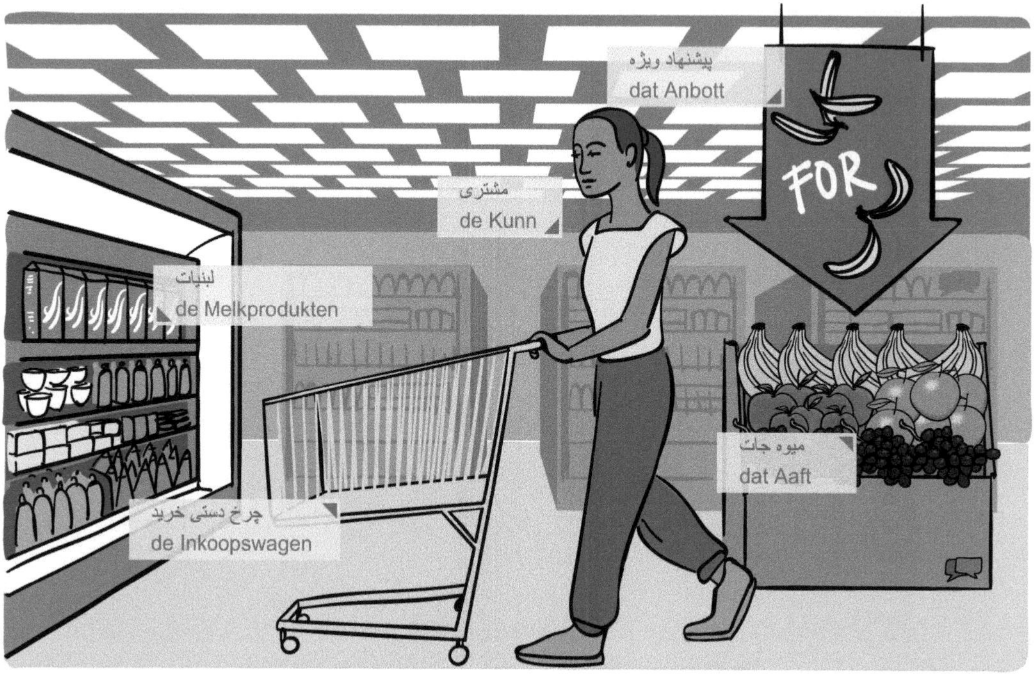

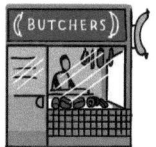

قصابی

de Slachterie

BAKERY

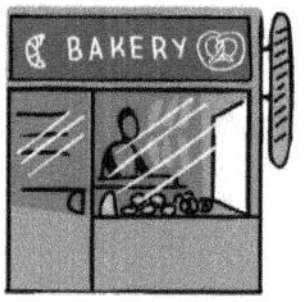

نانوایی

de Bäckerie

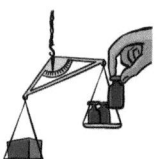

وزن کردن

wegen

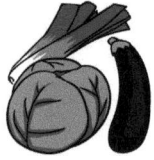

سبزیجات

de Gröönsaken

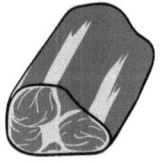

گوشت

dat Fleesch

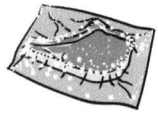

غذای منجمد

de Deepköhlkost

مخلوطی از انواع کالباس یا پنیر که
ورقه ای بریده شده باشند
....
de Opsnitt

غذای کنسروی
....
de Konserven

پودر لباسشویی
....
de Waschmiddel

شیرینی جات
....
de Snoopkraam

لوازم خانگی
....
de Huushooltssaken

ماده شوینده و پاک کننده
....
de Reinmaaktüüch

فروشنده
....
de Verköpersche

صندوق پرداخت
....
de Kass

صندوقدار
....
de Kasserer

لیست خرید
....
de Inkoopslist

ساعات کار
....
de Opsparrtieden

کیف پول
....
de Breeftasch

کارت اعتباری
....
de Kreditkoort

کیف
....
de Tasch

کیسه ی پلاستیکی
....
de Plastiktüüt

آب

dat Water

آبمیوه

de Saft

شیر

de Melk

نوشابه کوکاکولا

de Cola

شراب

de Wien

آبجو

dat Beer

الكل

de Spriet

کاکائو

de Kakao

چای

de Tee

قهوه

de Koffie

قهوه اسپرسو

de Espresso

کاپوچینو

de Cappucino

موز
......
de Banaan

سيب
......
de Appel

پرتقال
......
de Appelsien

انواع هندوانه و خربزه
......
de Meloon

ليمو
......
de Zitroon

هويج
......
de Wöttel

سير
......
de Knuuvlook

نى بامبو
......
de Bambus

پياز
......
de Zibbel

قارچ
......
de Poggenstohl

آجيل
......
de Nööt

ماكارونى
......
de Nudeln

اسپاگتی
....
de Spaghetti

برنج
....
de Ries

سالاد
....
de Salat

سیب زمینی سرخ کرده
....
de Pommes frites

سیب زمینی سرخ شده
....
de Braadkantüffeln

پیتزا
....
de Pizza

همبرگر
....
de Hamborger

ساندویچ
....
dat Sandwich

شنیتسل
....
dat Snitzel

ژامبون خوک
....
de Schinken

سالامی
....
de Salami

سوسیس
....
de Wust

مرغ
....
dat Hohn

نوعی گوشت سرخ شده
....
de Braden

ماهی
....
de Fisch

جوی پرک شده

de Haverflocken

نوعی صبحانه مخلوطی از برگه ذرت و میوه های خشک شده و خشکبار که معمولا با شیر خورده می شود

dat Müsli

کورن‌فلکس

de Cornflakes

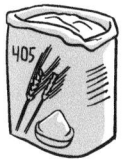

أرد

dat Mehl

کرواسان

de Croissant

نان بروتشن

dat Rundstück

نان

dat Broot

نان تست

dat Toast

بیسکویت

de Keksen

کره

de Botter

کشک

de Quark

کیک

de Koken

تخم مرغ

dat Ei

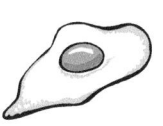

تخم مرغ نیمرو

dat Spegelei

پنیر

de Kees

بستنی

de Ies

شکر

de Zucker

عسل

de Honnig

مربا

de Marmelaad

کرم شکلاتی بادامی

de Nougat-Creme

ادویه کاری

dat Curry

مزرعه
de Buernhoff

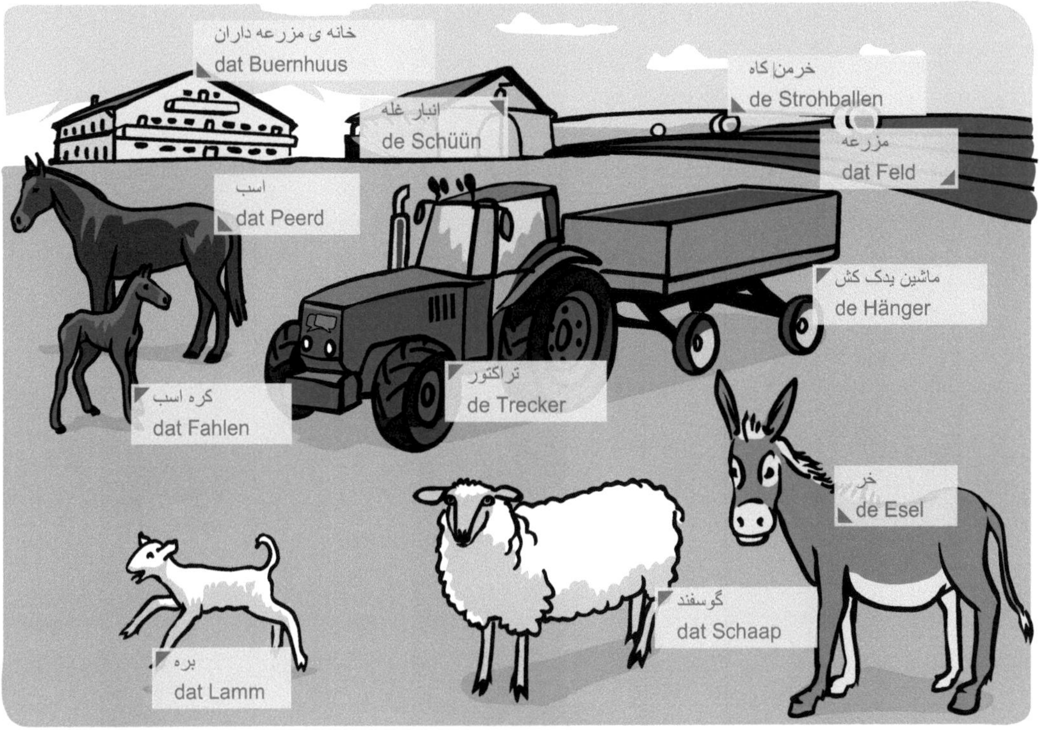
خانه ی مزرعه داران
dat Buernhuus
انبار غله
de Schüün
خرمن گاه
de Strohballen
مزرعه
dat Feld
اسب
dat Peerd
ماشین یدک کش
de Hänger
تراکتور
de Trecker
کره اسب
dat Fahlen
خر
de Esel
گوسفند
dat Schaap
بره
dat Lamm

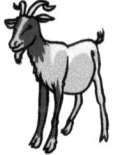

بز
....
de Zeeg

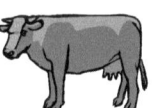

گاو ماده
....
de Koh

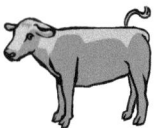

گوساله
....
dat Kalf

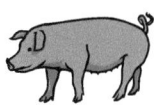

خوک
....
dat Swien

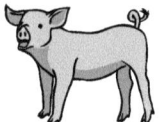

بچه خوک
....
dat Farken

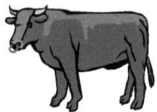

گاو نر
....
de Bull

غاز
....
de Goos

اردک
....
de Aant

جوجه
....
dat Küken

مرغ
....
dat Hohn

خروس
....
de Hahn

موش صحرایی
....
de Rott

گربه
....
de Katt

موش
....
de Muus

گاو نر اخته
....
de Oss

سگ
....
de Hund

لانه ی سگ
....
de Hunnenhütt

شلنگ باغبانی
....
de Goornslauch

آبپاش
....
de Geetkann

داس دسته بلند
....
de Lee

گاوآهن
....
de Ploog

داس
....
de Sich

کج بیل
....
de Hack

چنگک باغبانی
....
de Mestfork

تبر
....
de Ext

فرقون
....
de Schuufkoor

آبشخور
....
de Trog

بطری نگهداری شیر
....
de Melkkann

کیسه
....
de Sack

حصار
....
de Tuun

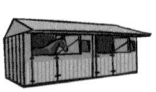

اصطبل
....
de Stall

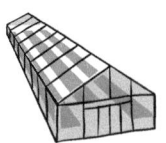

گلخانه
....
dat Drievhuus

خاک
....
de Bodden

بذر
....
de Saat

کود
....
de Dünger

ماشین کمباین
....
de Meihdöscher

برداشت کردن محصول

oornen

محصول

de Oorn

تمیس

de Yamswöttel

گندم

de Weten

سویا

dat Soja

سیب زمینی

de Kantüffel

ذرت

de Törksche Weten

کلزا

de Rapp

درخت میوه

de Aaftboom

گیاه مانیوک

de Troopsch Kantüffel

غلات

dat Koorn

dat Huus

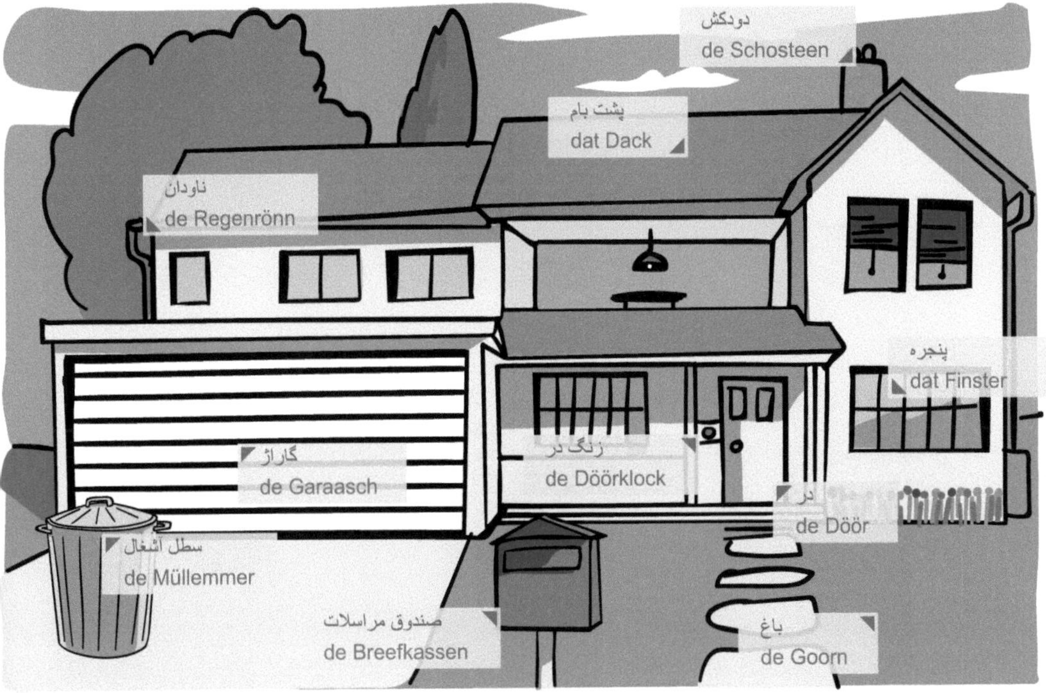
دودکش
de Schosteen
پشت بام
dat Dack
ناودان
de Regenrönn
پنجره
dat Finster
گاراژ
de Garaasch
زنگ در
de Döörklock
در
de Döör
سطل آشغال
de Müllemmer
صندوق مراسلات
de Breefkassen
باغ
de Goorn

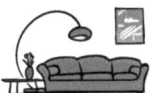

اتاق نشیمن

de Wahnstuuv

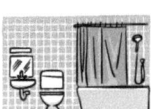

حمام

de Baadstuuv

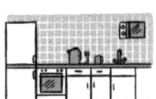

آشپزخانه

de Köök

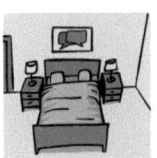

اتاق خواب

de Slaapstuuv

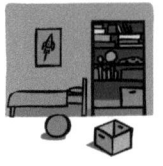

اتاق بچه

de Kinnerstuuv

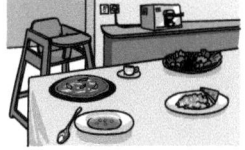

ناهارخوری

de Eetstuuv

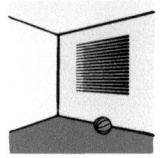

كف زمين
....
de Footbodden

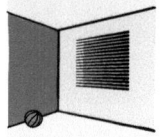

ديوار
....
de Wand

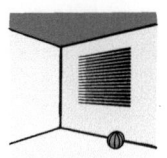

سقف
....
de Deek

زيرزمين
....
de Keller

سونا
....
dat Hittluftbad

بالكن
....
de Balkon

تراس
....
de Terrass

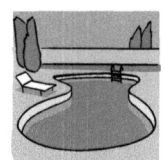

استخر
....
dat Swümmbad

ماشين چمن‌زنى
....
de Rasenmeiher

ملافه
....
de Bettbetog

روتختى
....
de Bettdeek

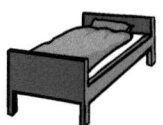

تخت خواب
....
de Puuch

جارو
....
de Bessen

سطل
....
de Emmer

سويچ يا كليد
....
de Schalter

اتاق نشیمن

de Wahnstuuv

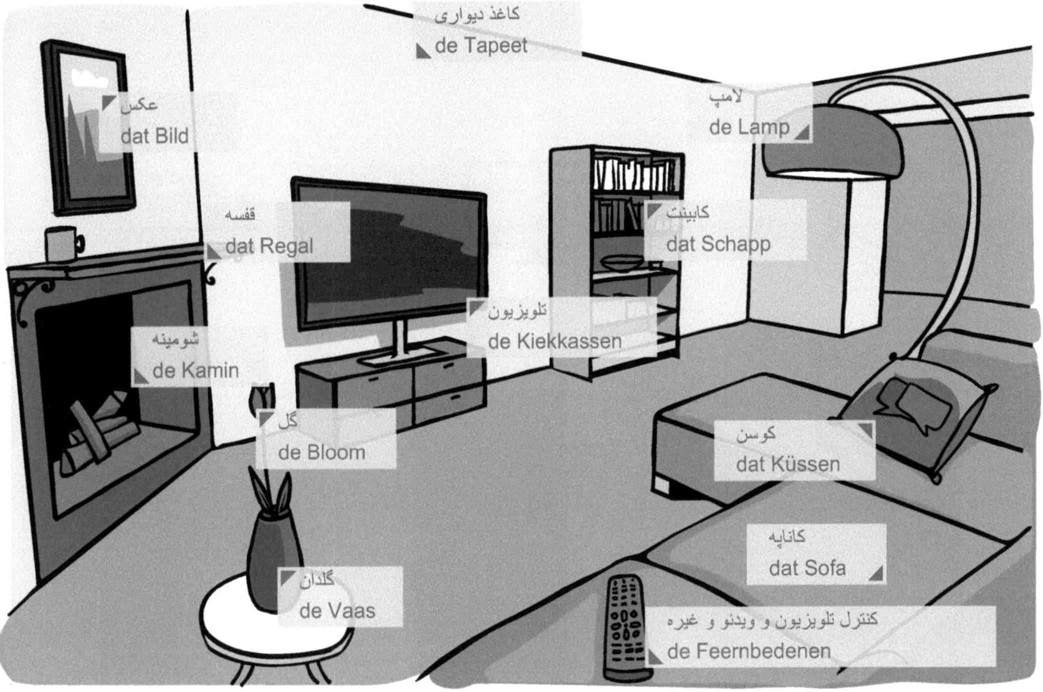

کاغذ دیواری
de Tapeet
عکس
dat Bild
لامپ
de Lamp
قفسه
dat Regal
کابینت
dat Schapp
تلویزیون
de Kiekkassen
شومینه
de Kamin
گل
de Bloom
کوسن
dat Küssen
کاناپه
dat Sofa
گلدان
de Vaas
کنترل تلویزیون و ویدئو و غیره
de Feernbedenen

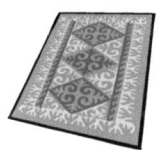

فرش

de Teppich

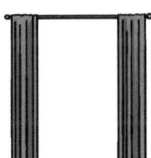

پرده

de Vörhang

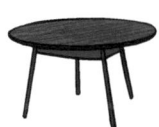

میز

de Disch

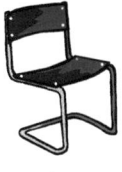

صندلی

de Stohl

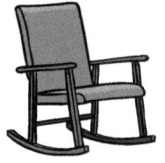

صندلی گهواره ایی

de Schuckelstohl

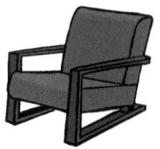

صندلی راحتی

de Sessel

كتاب
....
dat Book

لحاف
....
de Deek

دكوراسيون
....
de Dekoratschoon

هيزم
....
dat Füerholt

فيلم
....
de Film

دستگاه ضبط صوت
....
de Stereoanlaag

كليد
....
de Slötel

روزنامه
....
dat Narichtenblatt

تابلو نقاشى
....
dat Gemälde

پوستر
....
dat Poster

راديو
....
dat Radio

دفترچه يادداشت
....
de Opschrievblock

جاروبرقى
....
de Huulbessen

كاكتوس
....
de Kaktus

شمع
....
de Kars

آشپزخانه
de Köök

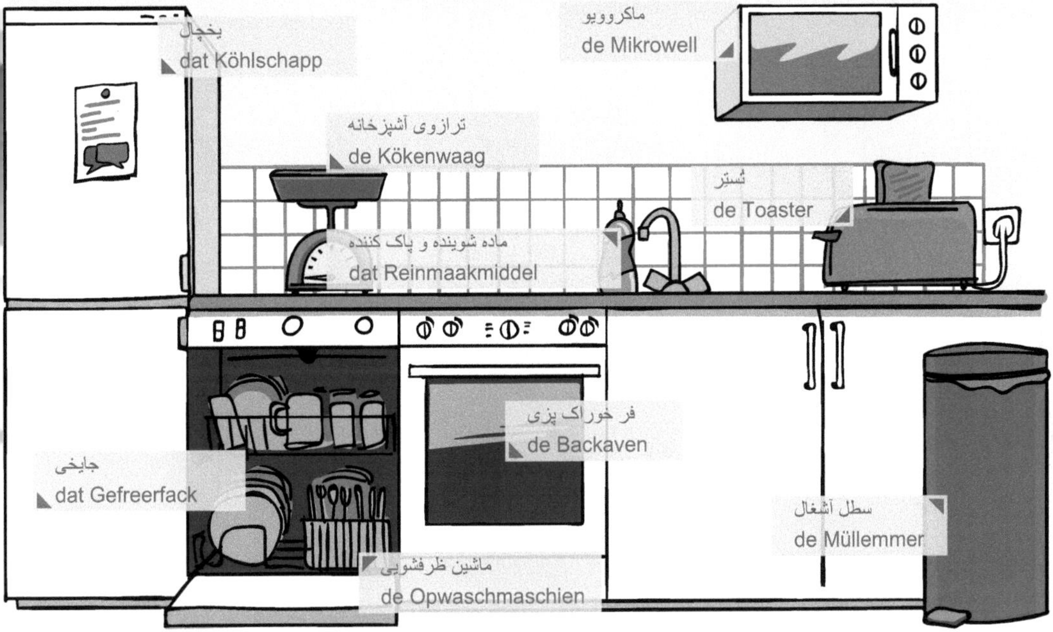

یخچال
dat Köhlschapp
ماکروویو
de Mikrowell
ترازوی آشپزخانه
de Kökenwaag
تُستر
de Toaster
ماده شوینده و پاک کننده
dat Reinmaakmiddel
فر خوراک پزی
de Backaven
جایخی
dat Gefreerfack
سطل آشغال
de Müllemmer
ماشین ظرفشویی
de Opwaschmaschien

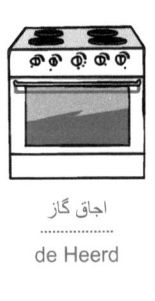

اجاق گاز
....
de Heerd

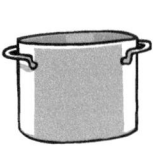

قابلمه
....
de Pott

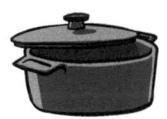

قابلمه چدنی
....
de Gussiesern Putt

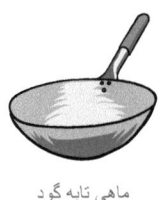

ماهی تابه گود
....
de Wok / Kadai

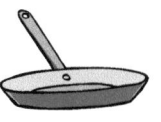

ماهی تابه
....
de Pann

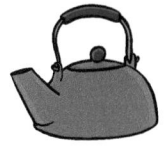

کتری
....
de Waterkaker

بخارپز
....
de Dampkaakputt

سینی فر
....
dat Backblick

ظرف چینی آشپزخانه
....
dat Geschirr

لیوان
....
de Beker

کاسه
....
de Schaal

چاپستیک
....
de Eetsticken

ملاقه
....
de Suppenkell

کفگیر
....
de Pannenwenner

همزن
....
de Sneebessen

آبکش
....
dat Kaakseef

آبکش
....
dat Seef

رنده
....
de Riev

هاون
....
de Mörser

باربیکیو
....
de Grill

محل مخصوص افروختن آتش
....
de Füerstell

تخته گوشت و سبزی

dat Sniedbrett

وردنه

dat Nudelholt

در بطری بازکن

de Proppentrecker

قوطی

de Doos

در قوطی بازکن

de Dosenaapner

دستگیره پارچه ای

de Pottlappen

سینک ظرفشویی

dat Waschbecken

برس گردگیری

de Böst

اسفنج

de Swamm

مخلوط کن

de Mixer

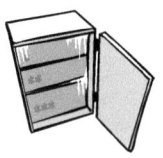

فریزر

dat Iesschapp

شیشه شیر بچه

de Nuckelbuddel

شیر آب

de Waterhahn

de Baadstuuv

دوش
de Bruus

بخاری
de Heizung

حوله
dat Handdook

پرده ی حمام
de Bruusvörhang

حمام کف
dat Schuumbad

وان حمام
de Baadwann

لیوان
dat Glas

ماشین لباسشویی
de Waschmaschien

شیر آب
de Waterhahn

کاشی
de Fliesen

لگن دستشویی کودکان
de lütte Putt

سینک ظرفشویی
dat Waschbecken

توالت
de Tante Meier

توالت ایرانی
de Hockklo

کاسه توالت
dat Bidet

توالت مخصوص آقایان
dat Miegbecken

دستمال توالت
dat Klopapeer

فرچه توالت
de Kloböst

مسواک
....
de Tähnböst

خمیردندان
....
de Tähnpast

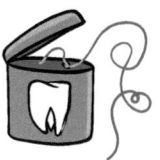

نخ دندان
....
de Tähnsied

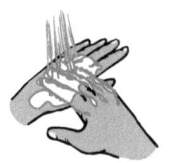

شستن
....
waschen

دوش آب تلفنی
....
de Handbruus

شلنگ توالت
....
de Intimbruus

لگن روشویی
....
de Waschschöttel

برس شست و شوی پشت
....
de Rüchböst

صابون
....
de Seep

شامپو بدن
....
dat Bruusgeel

شامپو
....
dat Hoorwaschmiddel

لیف حمام
....
de Waschlappen

راه آب
....
de Afloop

کرم
....
de Creme

اسپری دئودورانت
....
dat Deodorant

آیینه

de Spegel

آیینه ی کوچک دستی

de Kosmetikspegel

تیغ ریش تراشی

de Raserer

کف ریش‌تراشی

de Raseerschuum

أفترشیو

dat Raseerwater

شانه ی سر

de Kamm

برس

de Böst

سشوار

de Hoordröger

اسپری مو

dat Hoorspray

آرایش

de Smink

رژلب

de Lippensticken

لاک ناخن

de Nagellack

پنبه

de Watt

قیچی ناخن

de Nagelscheer

عطر

dat Rüükwater

کیف لوازم آرایشی و بهداشتی
de Kulturbüdel

چهارپایه
de Schemel

ترازو
de Waag

حوله ی پالتویی
de Baadmantel

دستکش ظرفشویی
de Gummihanschen

تامپون
de Tampon

نوار بهداشتی
de Damenbinn

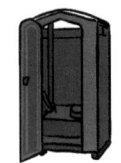

توالت سیار
dat Chemieklo

اتاق بچه

de Kinnerstuuv

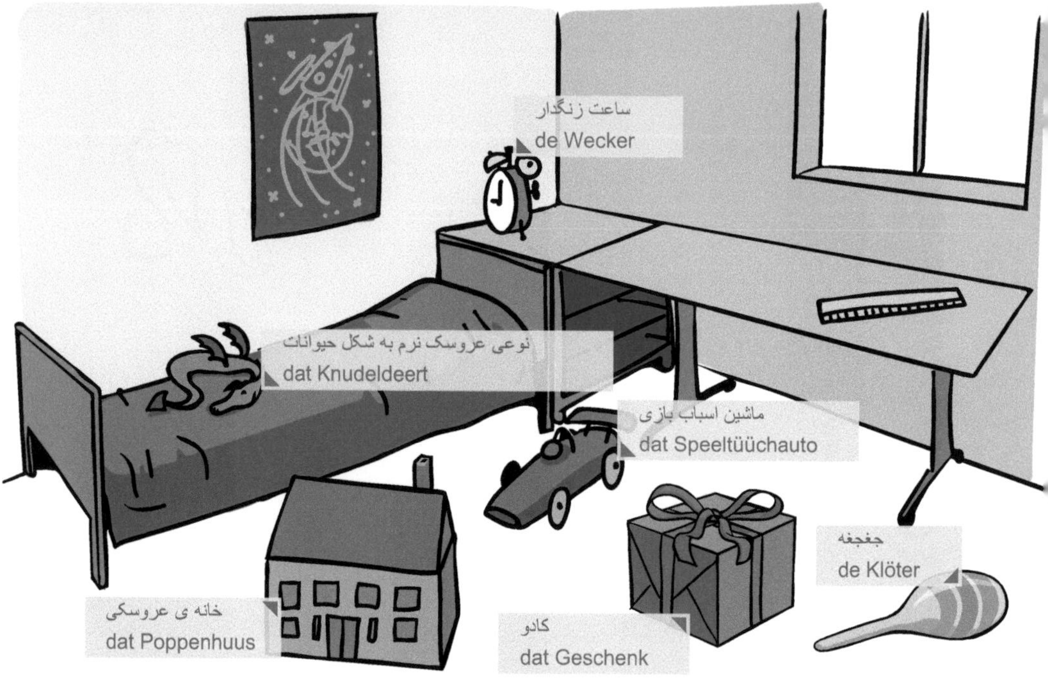
ساعت زنگدار
de Wecker
نوعی عروسک نرم به شکل حیوانات
dat Knudeldeert
ماشین اسباب بازی
dat Speeltüüchauto
جغجغه
de Klöter
خانه ی عروسکی
dat Poppenhuus
کادو
dat Geschenk

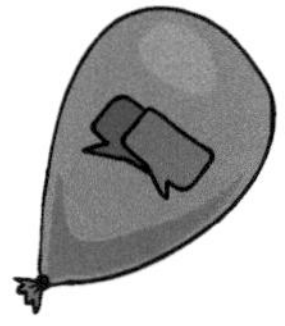

بادکنک

de Luftballon

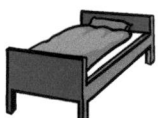

تخت خواب

de Puuch

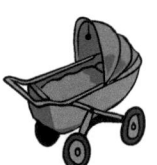

کالسکه بچه

de Kinnerwagen

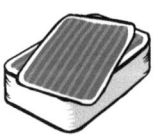

بازی ورق

dat Koortenspeel

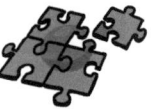

پازل

dat Puzzle

SUPER
MEGA

داستان مصور

de Billergeschicht

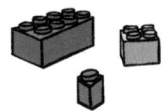

اسباب بازی ی لگو

de Legostenen

خانه سازی

de Bustenen

عروسک شخصیت های فیلم و کارتون

de Action-Figur

لباس نوزاد

de Strampelantog

فریزبی

de Frisbeeschiev

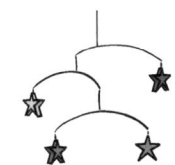

نوعی اسباب بازی که روی تخت نوزاد
یا کودک نصب می شود

dat Mobile

بازی روی صفحه

dat Brettspeel

تاس

de Wörpel

قطار اسباب بازی

de Modelliesenbahn

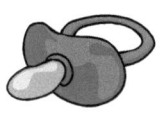

پستانک

de Snuller

مهمانی

de Party

کتاب مصور

dat Billerbook

توپ

de Ball

عروسک

de Popp

بازی کردن

spelen

جعبه شنی مخصوص بازی کودکان

de Sandkassen

تاب

de Schuckel

اسباب بازی

dat Speeltüüch

کنسول بازی های کامپیوتری

de Speelkonsool

سه چرخه

dat Dreerad

خرس عروسکی

de Teddyboor

کمد لباس

dat Klederschapp

لباس

dat Tüüch

جوراب

de Socken

جوراب زنانه ساق بلند

de Strümp

جوراب شلواری

de Strumpbüx

شال
dat Halsdook

چتر
de Paraplü

تی شرت
dat T-Shirt

کمربند
de Liefreem

پوتین
de Stevel

دمپایی
de Puuschen

کفش ورزشی کتانی
de Turnschoh

صندل
....
de Sandalen

کفش
....
de Schoh

چکمه پلاستیکی
....
de Gummistevel

شرت
....
de Ünnerbüx

سوتین
....
de Bostholler

جلیقه
....
dat Ünnerhemd

لباس - dat Tüüch

45

بادی

de Lief

شلوار

de Büx

جین

de Jeansnüx

دامن

de Rock

بلوز

de Bluus

پیراهن

dat Hemd

پولیور

de Pullover

سویی شرتؑ

de Kapuzenpullover

نوعی کت

de Blazer

ژاکت

de Jack

کت بلند

de Mantel

بارانی

de Övertrecker

لباس نمایش

dat Kostüm

لباس

dat Kleed

لباس عروس

dat Hochtietskleed

كت و شلوار
....
de Antog

لباس خواب زنانه
....
dat Nachtkleed

پیژامه
....
de Slaapantog

ساری
....
de Sari

روسری
....
dat Koppdook

عمامه
....
de Turban

برقع
....
de Burka

قبا
....
de Kaftan

عبا
....
de Abaya

لباس شنا
....
de Baadantog

شرت شنا
....
de Baadbüx

شلوارک
....
de Korte Büx

لباس ورزشی
....
de Antog to'n Öven

پیشبند
....
de Schört

دستکش
....
de Handschoh

دکمه
....
de Knopp

عینک
....
de Brill

دستبند
....
dat Armband

گردنبند
....
de Halskeed

انگشتر
....
de Ring

گوشواره
....
de Ohrbummel

کلاه لبه دار
....
de Mütz

چوب لباسی
....
de Klederbögel

کلاه
....
de Hoot

کراوات
....
de Binner

زیپ
....
de Rietslüter

کلاه ایمنی
....
de Helm

بند شلوار
....
dat Drachtband

لباس مدرسه
....
de Schooluniform

لباس فرم
....
de Uniform

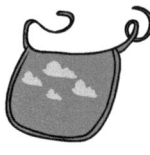

پیش بند بچه

de Severböten

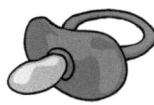

پستانک

de Snuller

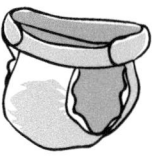

پوشک بچه

de Winnel

اداره

dat Büro

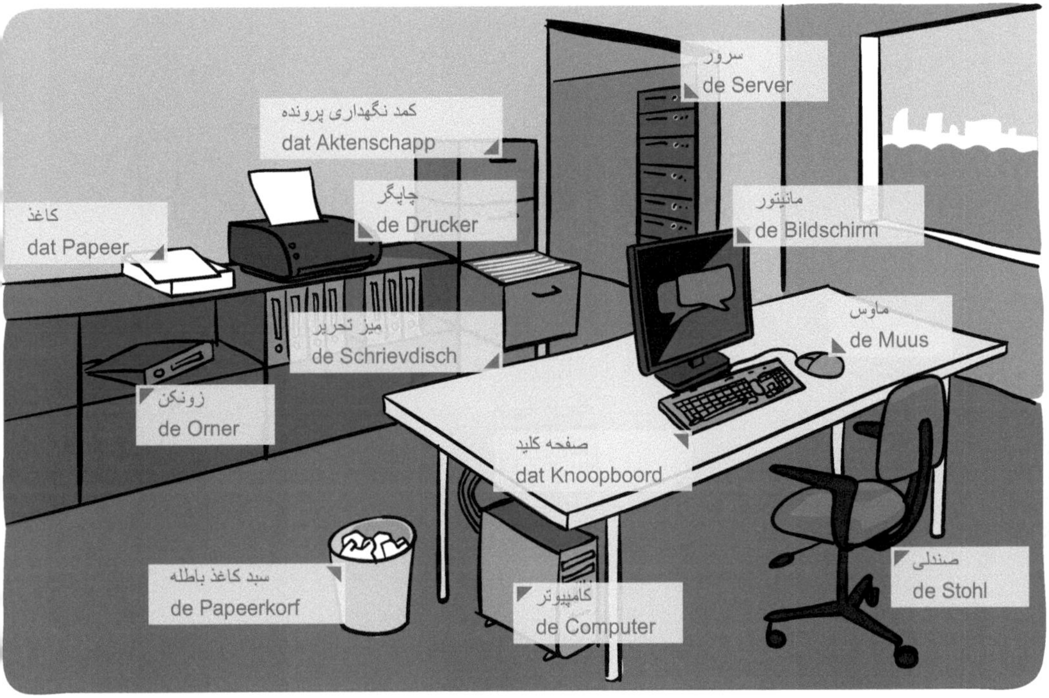
سرور
de Server
کمد نگهداری پرونده
dat Aktenschapp
کاغذ
dat Papeer
چاپگر
de Drucker
مانیتور
de Bildschirm
میز تحریر
de Schrievdisch
ماوس
de Muus
زونکن
de Orner
صفحه کلید
dat Knoopboord
سبد کاغذ باطله
de Papeerkorf
کامپیوتر
de Computer
صندلی
de Stohl

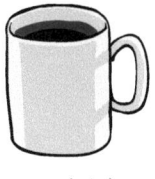

لیوان قهوه

de Koffiebeker

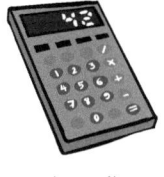

ماشین حساب

de Taschenreekner

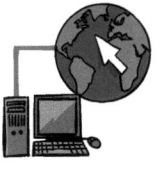

اینترنت

dat Internet

لپ تاپ
de Klappreekner

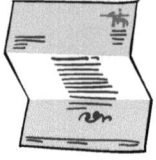

نامه
de Breef

پیغام
de Naricht

تلفن همراه
de Ackersnacker

شبکه ی ارتباطی
dat Nettwark

دستگاه فتوکپی
de Kopeerapparat

نرم افزار
de Software

تلفن
de Klöönkassen

پریز
de Steekdoos

دستگاه فاکس
de Faxapparat

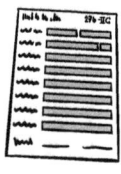

فرم
dat Formulor

مدرک
dat Dokument

de Weertschop

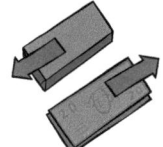

خریدن

köpen

پرداخت کردن

betahlen

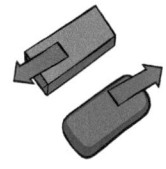

تجارت کردن

hanneln

پول

dat Geld

دلار

de Dollar

یورو

de Euro

ین

de Yen

روبل

de Ruvel

فرانک سوئیس

de Swiezer Franken

یوان رنمینبی

de Renminbi Yuan

روپیه

de Rupie

دستگاه خودپرداز

de Geldautomat

صرافى

de Wesselstuuv

طلا

dat Gold

نقره

dat Sülver

نفت

dat Ööl

انرژى

de Energie

قيمت

de Pries

قرارداد

de Verdrag

ماليات

de Stüer

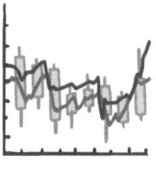

سهام سرمايه

de Andeelschien

كار كردن

arbeiden

كارمند

de Anstellte

كارفرما

de Arbeitgever

كارخانه

de Fabrik

مغازه

de Hökerie

مشاغل

de Profeschonen

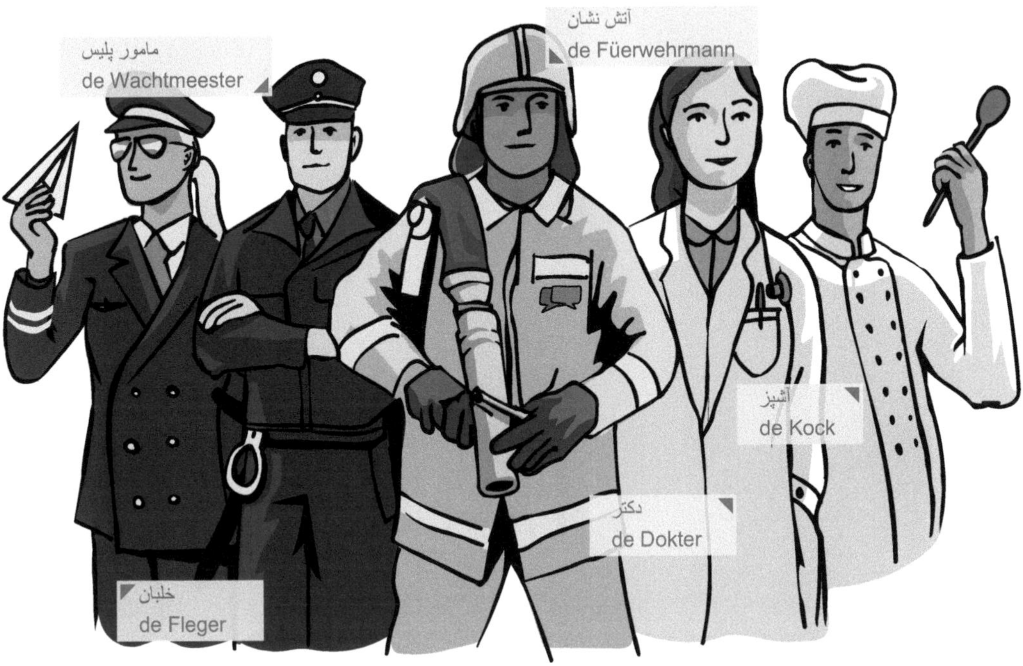
آتش نشان
de Füerwehrmann
مامور پلیس
de Wachtmeester
آشپز
de Kock
دکتر
de Dokter
خلبان
de Fleger

باغبان

de Goorner

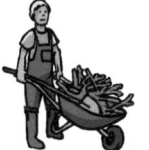

نجار

de Discher

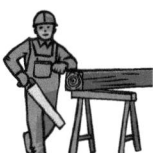

خیاط زنانه

de Neihersche

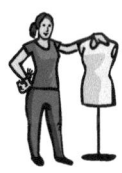

قاضی

de Richter

شیمیدان

de Chemiker

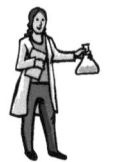

بازیگر

de Schauspeler

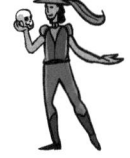

راننده اتوبوس

de Busfohrer

راننده تاکسی

de Taxifohrer

ماهیگیر

de Fischer

نظافتچی زن

de Reinmaakfru

سقف ساز

de Dackdecker

پیشخدمت رستوران

de Kellner

شکارچی

de Jäger

نقاش

de Maler

نانوا

de Bäcker

برقکار

de Elektriker

کارگر ساختمانی

de Buarbeider

مهندس

de Ingenieur

قصاب

de Slachter

لوله کش

de Klempner

پستچی

de Postbüdel

سرباز

de Suldat

معمار

de Architekt

صندوقدار

de Kasserer

گل فروش

de Florist

أرایشگر

de Putzbüdel

مامور کنترل بلیط در قطار

de Schaffner

مکانیک

de Mechaniker

ناخدا

de Kaptein

دندانپزشک

de Tähndokter

دانشمند

de Wetenschopler

عالم یهودی

de Rabbi

امام

de Imam

راهب

de Mönk

کشیش

de Paap

ابزارآلات

dat Warktüüch

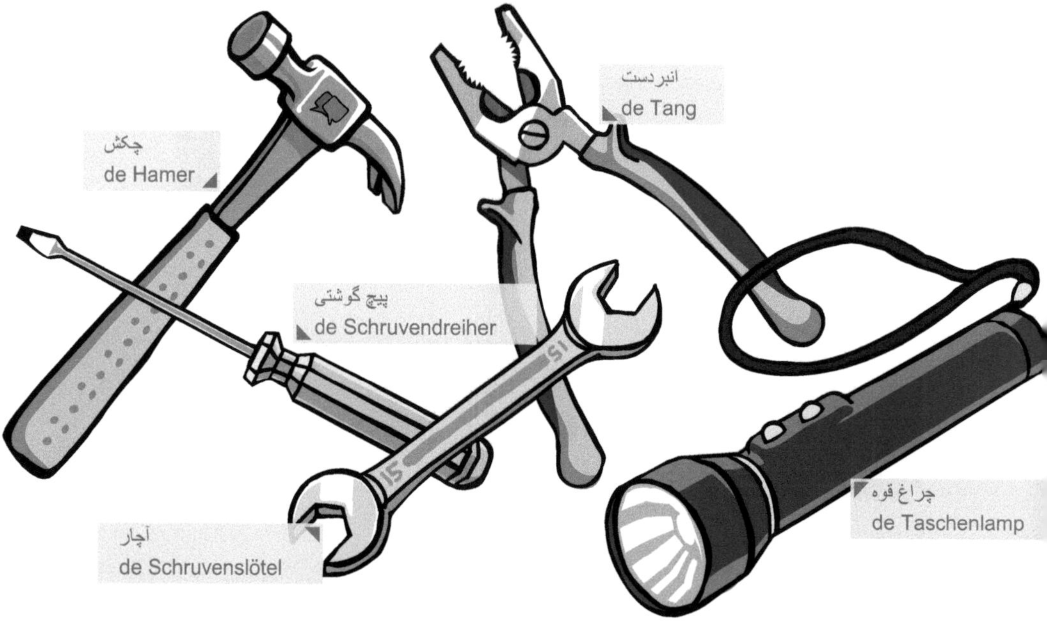

انبردست
de Tang
چکش
de Hamer
پیچ گوشتی
de Schruvendreiher
چراغ قوه
de Taschenlamp
آچار
de Schruvenslötel

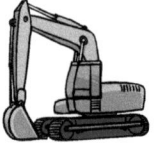

بیل مکانیکی

de Grieper

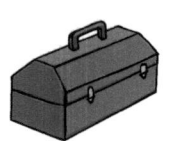

جعبه ابزار

de Warktüüchkassen

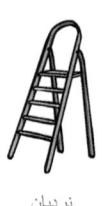

نردبان

de Ledder

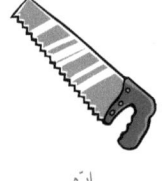

ارّه

de Saag

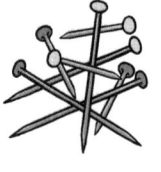

میخ

de Nagels

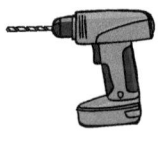

مته

de Bohrer

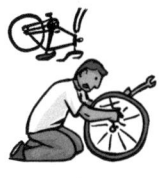

تعمیر کردن

....

heelmaken

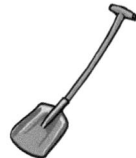

بیل

....

de Schüffel

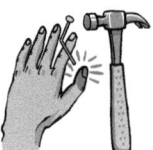

لعنتی!

....

Schiet!

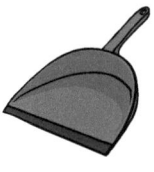

خاک انداز

....

dat Kehrblick

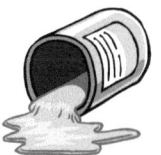

سطل رنگرزی

....

de Farvpott

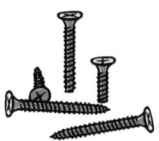

پیچ

....

de Schruven

آلات موسیقی

de Musikinstrumenten

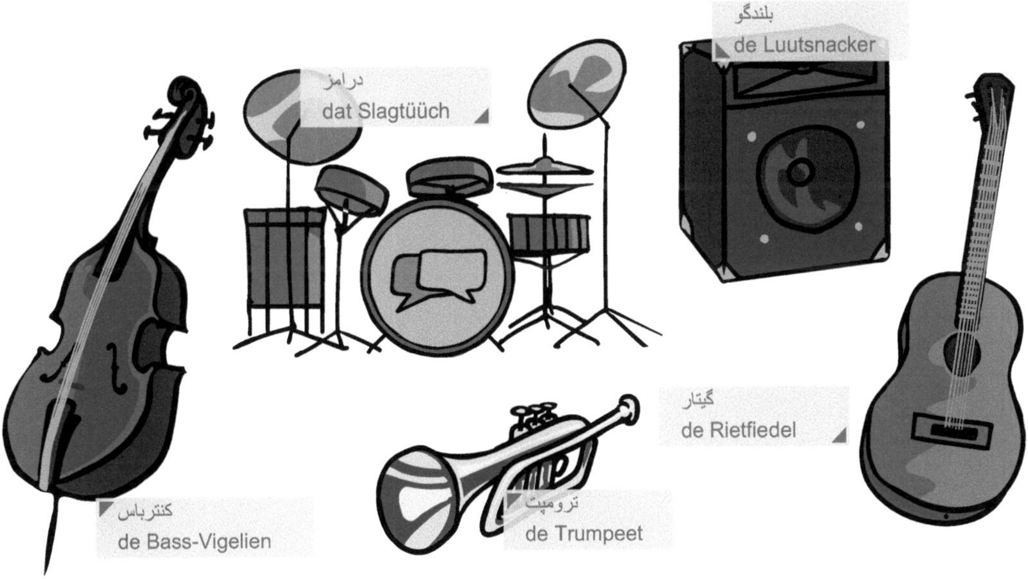
بلندگو
de Luutsnacker
درامز
dat Slagtüüch
گیتار
de Rietfiedel
کنترباس
de Bass-Vigelien
ترومپت
de Trumpeet

پیانو

dat Klaveer

ویولن

de Vigelien

گیتار بیس

de Bass

تیمپانی

de Pauk

طبل

de Trummeln

کیبورد الکتریک

dat Keyboard

ساکسیفون

dat Saxophon

فلوت

de Fleut

میکروفون

dat Mikrofoon

باغ وحش

de Deertenpark

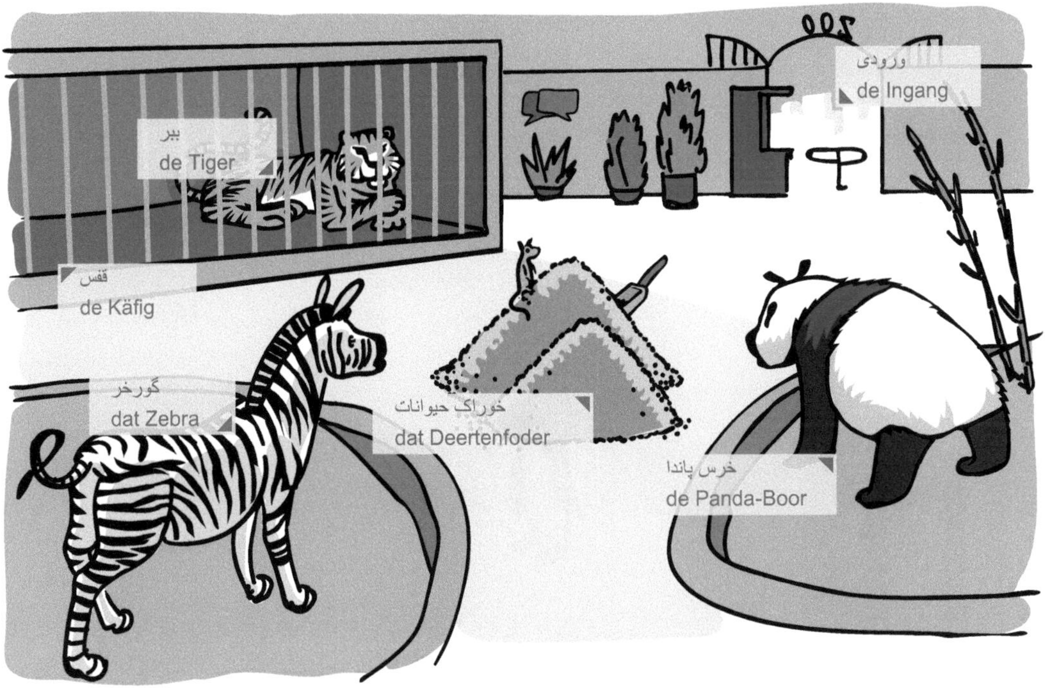
ورودی
de Ingang
ببر
de Tiger
قفس
de Käfig
گورخر
dat Zebra
خوراک حیوانات
dat Deertenfoder
خرس پاندا
de Panda-Boor

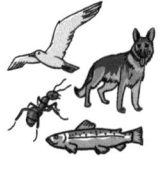

حیوانات

de Deerten

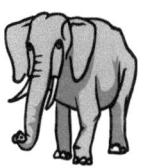

فیل

de Elefant

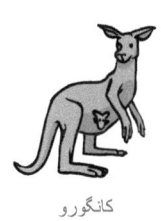

کانگورو

dat Känguru

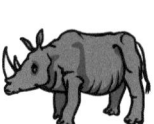

کرگدن

dat Neeshoorn

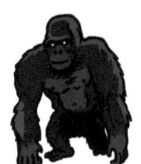

گوریل

de Gorilla

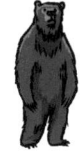

خرس

de Boor

شتر

dat Kameel

شترمرغ

de Struuß

شیر

de Lööv

میمون

de Aap

فلامینگو

de Flamingo

طوطی

de Papagoi

خرس قطبی

de Iesboor

پنگوئن

de Pinguin

کوسه

de Haifisch

طاووس

de Pageluun

مار

de Slang

تمساح

dat Krokodil

نگهبان باغ وحش

de Oppasser in'n
Deertenpark

خوک آبی

de Saalhund

پلنگ امریکایی

de Jaguor

اسب کوچک

dat Pony

پلنگ

de Leopard

اسب آبی

dat Nilpeerd

زرافه

de Giraff

عقاب

de Aadler

گراز

dat Wildswien

ماهی

de Fisch

لاک پشت

de Schildkrööt

شیرماهی

dat Walross

روباه

de Voss

غزال

de Gazell

فوتبال آمریکایی
de Amerikaansch Football

دوچرخه سواری
dat Radfohren

تنیس
dat Tennis

بسکتبال
de Korfball

شنا
dat Swümmen

بوکس
dat Boxen

هاکی روی یخ
dat Ieshockey

فوتبال
....
de Football

بدمینتون
....
dat Fedderball

دوومیدانی
....
de Leichtathletik

هندبال
....
de Handball

اسکی
....
dat Skilopen

پولو
....
dat Polo

فعالیت ها

de Aktivitäten

پریدن
springen
بغل کردن
ümarmen
خندیدن
lachen
راه رفتن
gahn
آواز خواندن
singen
رؤیا دیدن
drömen
دعا کردن
beden
بوسیدن
snuteln

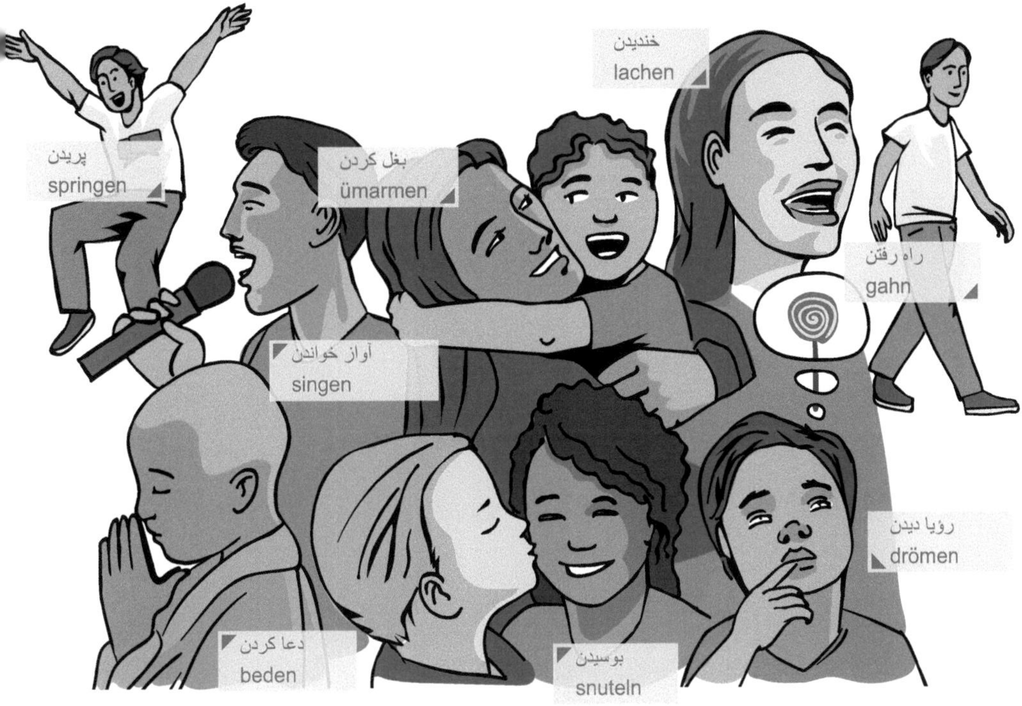

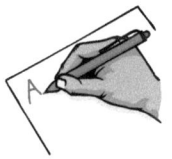

نوشتن

schrieven

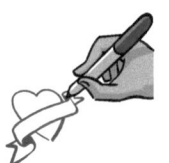

رسم کردن

teken

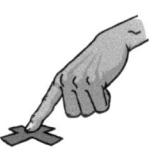

نشان دادن

wiesen

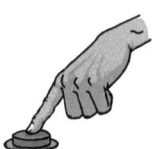

هل دادن

drücken

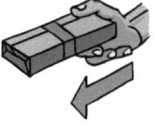

دادن

geven

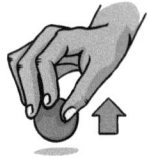

برداشتن

nehmen

داشتن

hebben

انجام دادن

doon

بودن

sien

ایستادن

stahn

دویدن

lopen

کشیدن

trecken

پرتاب کردن

smieten

افتادن

fallen

دراز کشیدن

liggen

منتظر بودن

töven

حمل کردن

dregen

نشستن

sitten

لباس پوشیدن

antrecken

خوابیدن

slapen

بیدار شدن

opwaken

تماشا کردن

ankieken

گریه کردن

wenen

نوازش کردن

eien

شانه کردن

kämmen

حرف زدن

snacken

فهمیدن

verstahn

پرسیدن

fragen

شنیدن

hören

آشامیدن

drinken

خوردن

eten

مرتب کردن

oprümen

عاشق بودن

leefhebben

پختّن

kaken

رانندگی کردن

fohren

پرواز کردن

flegen

قایقرانی کردن

segeln

محاسبه کردن

reken

خواندن

lesen

یاد گرفتن

lehren

کار کردن

arbeiden

ازدواج کردن

de Plünnen tohoopsmieten

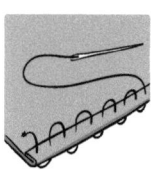

دوختن

neihen

مسواک زدن

Tähnen putzen

کشتن

dootmaken

سیگار کشیدن

smöken

فرستادن

schicken

خانواده

de Familje

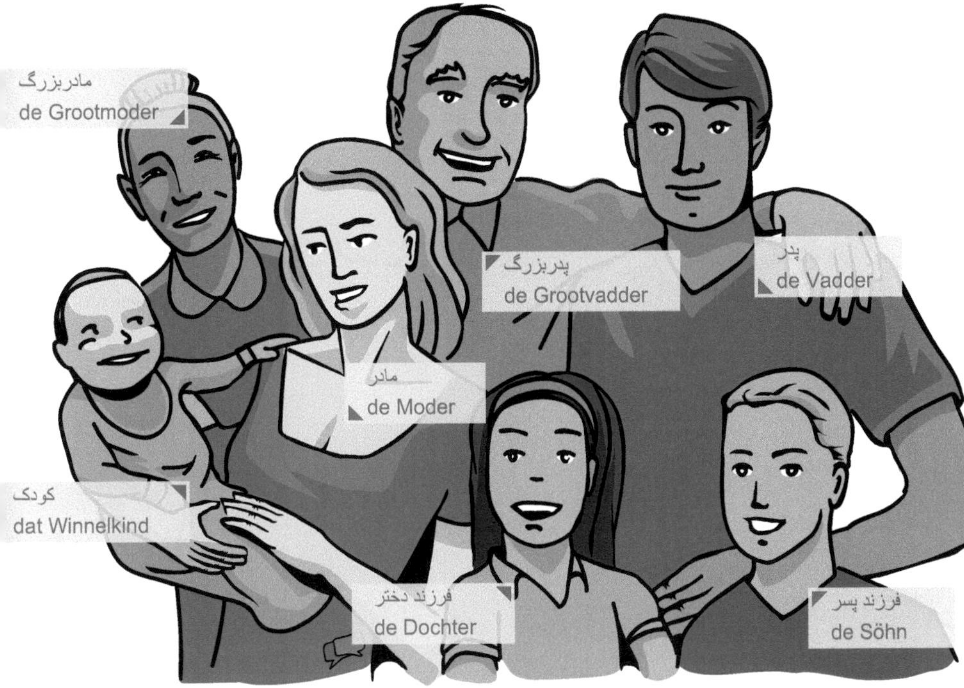

مادربزرگ
de Grootmoder
پدربزرگ
de Grootvadder
پدر
de Vadder
مادر
de Moder
کودک
dat Winnelkind
فرزند دختر
de Dochter
فرزند پسر
de Söhn

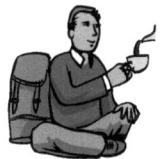

مهمان
....
de Gast

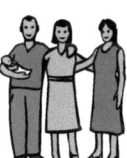

خاله، عمه
....
de Tant

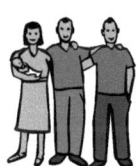

دایی، عمو
....
de Unkel

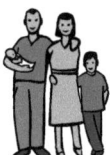

برادر
....
de Broder

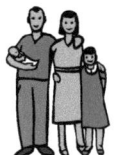

خواهر
....
de Süster

de Lief

پیشانی
de Vörkopp
چشم
dat Oog
شانه
de Schuller
انگشت دست
de Finger
صورت
dat Gesicht
چانه
dat Kinn
دست
de Hand
ساق پا
dat Been
سینه
de Bost
بازو
de Arm

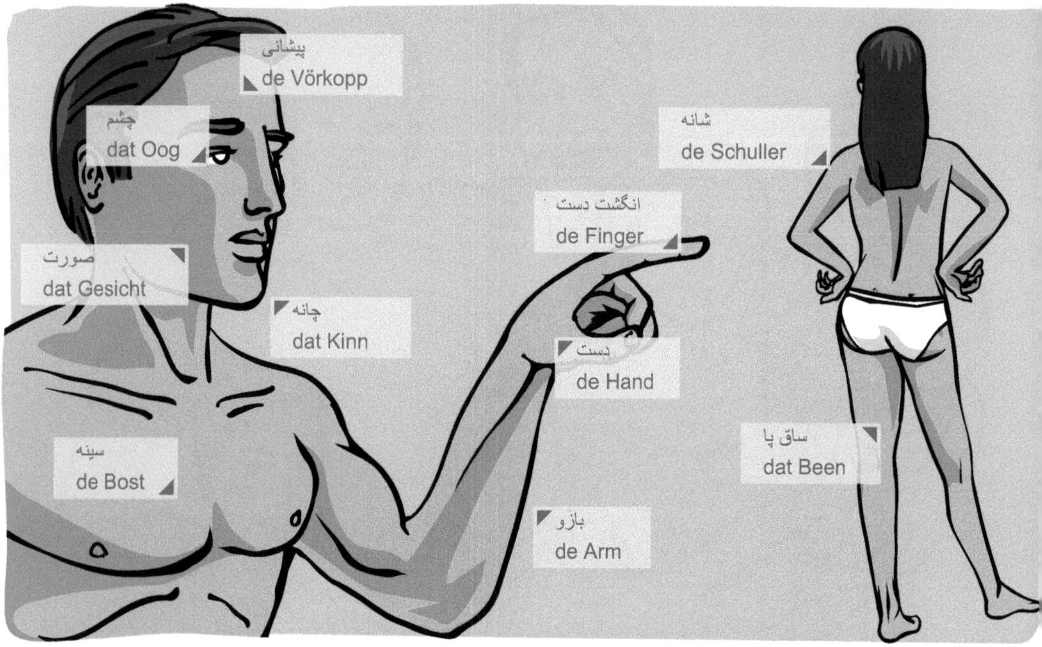

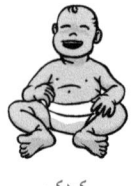

کودک

dat Winnelkind

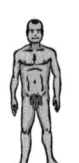

مرد

de Mann

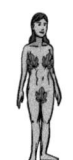

زن

de Fro

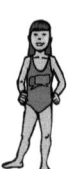

دختربچه

de Deern

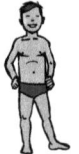

پسربچه

de Jung

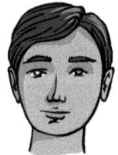

کله

de Arm

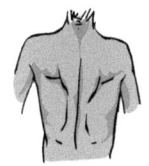

کمر

de Rüch

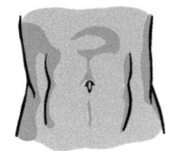

شکم

de Buuk

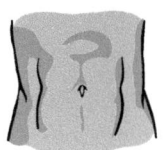

ناف

de Navel

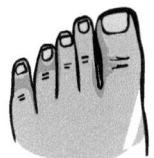

انگشت پا

de Teh

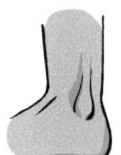

پاشنه

de Hack

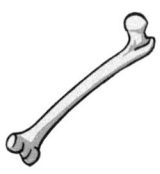

استخوان

de Knaken

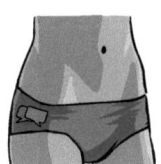

لگن

de Hüft

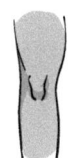

زانو

dat Knee

آرنج

de Ellbagen

بینی

de Nees

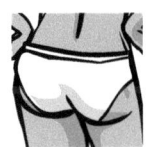

نشیمنگاه

de Achtersen

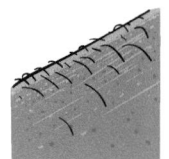

پوست

de Huut

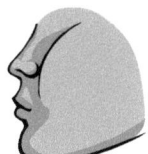

گونه

de Back

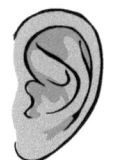

گوش

dat Ohr

لب

de Lipp

دهان
....
de Mund

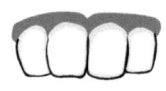

دندان
....
de Tähn

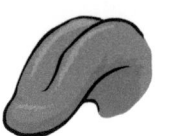

زبان
....
de Tung

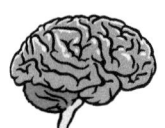

مغز
....
de Bregen

قلب
....
dat Hart

عضله
....
de Muskel

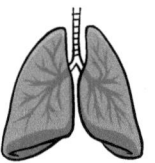

ریه
....
de Lung

کبد
....
de Lever

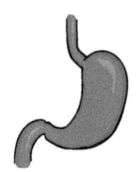

معده
....
de Maag

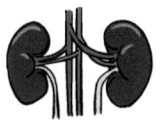

کلیه
....
de Neren

آمیزش جنسی
....
de Bislaap

کاندوم
....
dat Kondoom

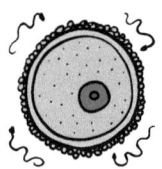

تخمک
....
de Eizell

اسپرم
....
dat Sperma

حاملگی
....
de Anner Ümstänn

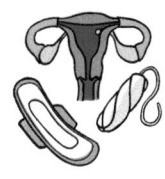

پریود
....
de Menstruatschoon

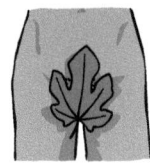

واژن
....
de Scheed

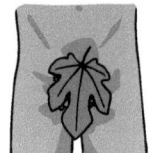

آلت تناسلی مرد
....
de Pint

ابرو
....
de Ogenbroe

مو
....
dat Hoor

گردن
....
de Hals

بیمارستان
dat Krankenhuus

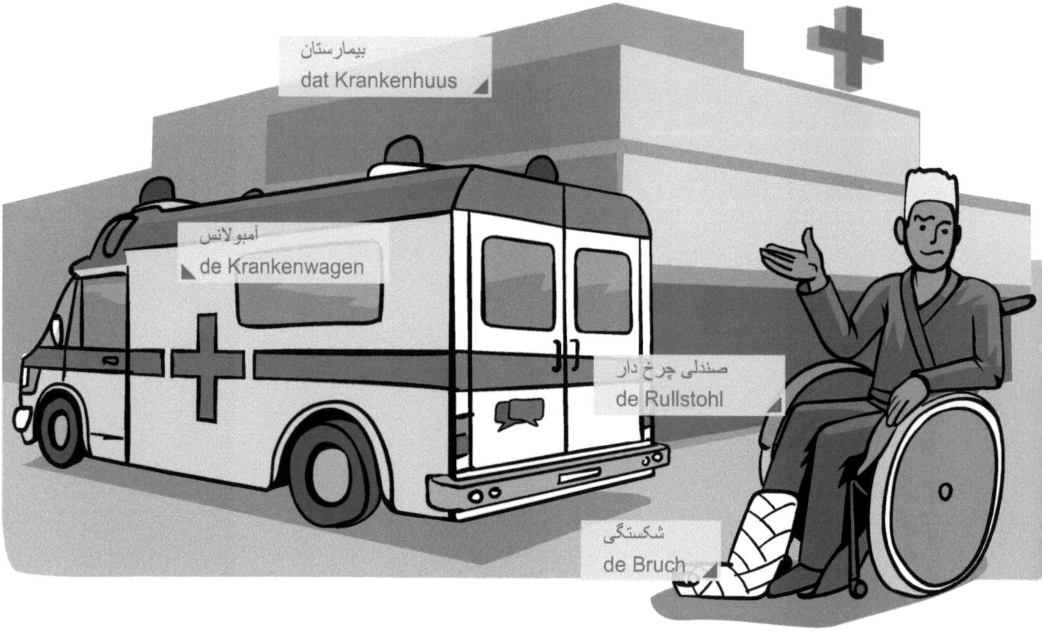

بیمارستان
dat Krankenhuus
آمبولانس
de Krankenwagen
صندلی چرخ دار
de Rullstohl
شکستگی
de Bruch

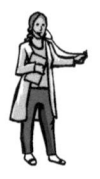

دکتر
de Dokter

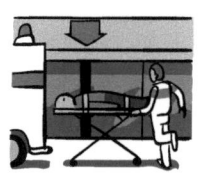

بخش اورژانس
de Nootopnahm

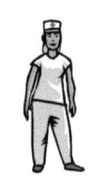

پرستار
de Krankensüster

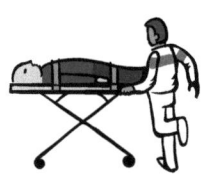

موقعیت اضطراری
de Nootfall

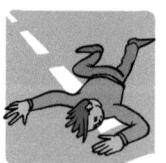

بی هوش
ahnmächtig

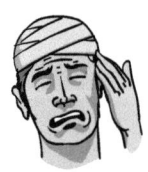

درد
de Wehdaag

مصدومیت

de Verwunnen

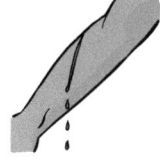

خونریزی

de Blöden

سکته قلبی

de Hartinfarkt

سکته مغزی

de Slaganfall

آلرژی

de Allergie

سرفه

de Hoosten

تب

dat Fever

آنفولانزا

de Gripp

اسهال

de Dörchfall

سردرد

de Koppwehdaag

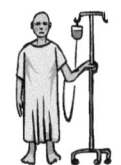

سرطان

de Kreeft

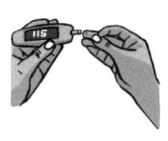

دیابت

de Zuckersüük

جراح

de Chirurg

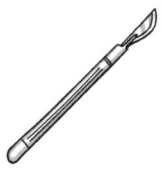

چاقوی جراحی

dat Chirurgsch Mess

عمل جراحی

de Operatschoon

سی تی اسکن

dat CT

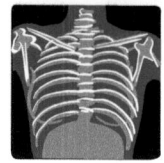

پرتونگاری

de Dörchlüchten

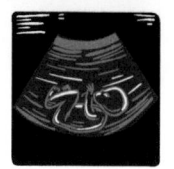

سونوگرافی

de Ultraschall

ماسک صورت

de Mask

بیماری

de Krankheit

اتاق انتظار

de Töövruum

چوب زیر بغل

de Krück

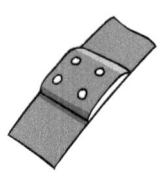

چسب زخم

dat Plaaster

پانسمان

de Verband

تزریق

de Insprütten

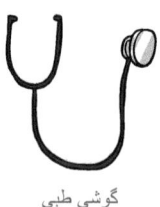

گوشی طبی

dat Stethoskop

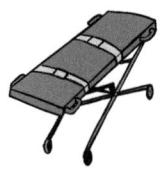

برانکار

de Draag

دماسنج

dat Feverthermometer

زایش

de Geboort

اضافه وزن

dat Övergewicht

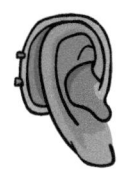

سمعک

de Höörapparat

ماده ضد غفونی کننده

dat Kiemfriemiddel

عفونت

de Ansteken

ویروس

de Virus

اچ آی وی / ایدز

dat HIV / AIDS

دارو

dat Heelmiddel

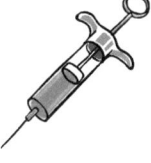

واکسیناسیون

de Impen

قرص

de Tabletten

قرص ضد حاملگی

de Pill

تماس اظطراری

de Nootroop

دستگاه اندازه گیری فشارخون

de Blootdruck-Meter

مریض / سالم

krank / gesund

كمك!

Hölp!

آژیر خطر

de Alarm

حمله

de Överfall

حمله ی فیزیکی

de Angreep

خطر

de Gefohr

خروج اظطراری

de Nootutgang

آتش

dat Füer!

کپسول آتش‌نشانی

de Füerlöscher

تصادف

de Unfall

جعبه کمک های اولیه

de Noothölpkoffer

درخواست کمک

SOS

پلیس

de Polizei

اروپا

Europa

آمریکای شمالی

Noordamerika

آمریکای جنوبی

Süüdamerika

آفریقا

Afrika

آسیا

Asien

استرالیا

Australien

اقیا نوس اطلس

de Atlantik

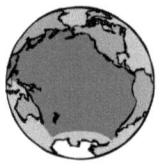

اقیانوس آرام

de Pazifik

اقیانوس هند

dat Indisch Weltmeer

اقیا نوس اطلس جنوبی

dat Antarktisch Weltmeer

اقیانوس منجمد شمالی

dat Arktisch Weltmeer

قطب شمال

de Noordpol

قطب جنوب

de Süüdpol

قاره قطب جنوب

de Antarktis

كره زمين

de Eerd

سرزمين

dat Land

دريا

de See

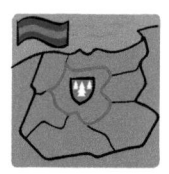

جزيره

dat Eiland

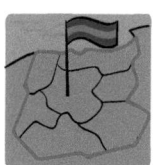

ملت

de Natschoon

كشور

de Staat

صفحه ی ساعت

dat Tallenblatt

ساعت شمار

de Stunnenwieser

دقیقه شمار

de Minutenwieser

ثانیه شمار

de Sekunnenwieser

ساعت چند است؟

Wo laat is dat?

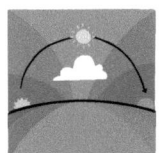

روز

de Dag

زمان

de Tiet

اکنون

nu

ساعت دیجیتال

de digetaalsch Klock

دقیقه

de Minuut

ساعت

de Stunn

de Week

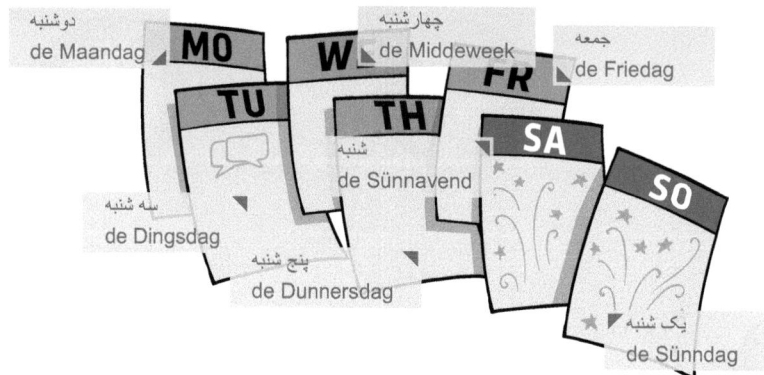

دوشنبه
de Maandag

چهارشنبه
de Middeweek

جمعه
de Friedag

سه شنبه
de Dingsdag

شنبه
de Sünnavend

پنج شنبه
de Dunnersdag

یک شنبه
de Sünndag

دیروز
güstern

امروز
hüüt

فردا
morgen

صبح
de Morgen

ظهر
de Meddag

غروب
de Avend

روزهای کاری
de Arbeitsdaag

آخر هفته
dat Wekenenn

سال

dat Johr

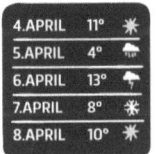

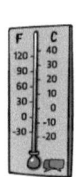

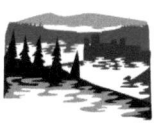

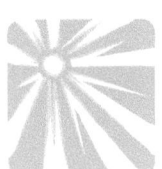

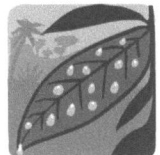

باران
de Regen
رنگین کمان
de Regenbagen
باد
de Wind
برف
de Snee
بهار
dat Fröhjohr
تابستان
de Sommer
پاییز
de Harvst
زمستان
de Winter

4.APRIL 11°
5.APRIL 4°
6.APRIL 13°
7.APRIL 8°
8.APRIL 10°

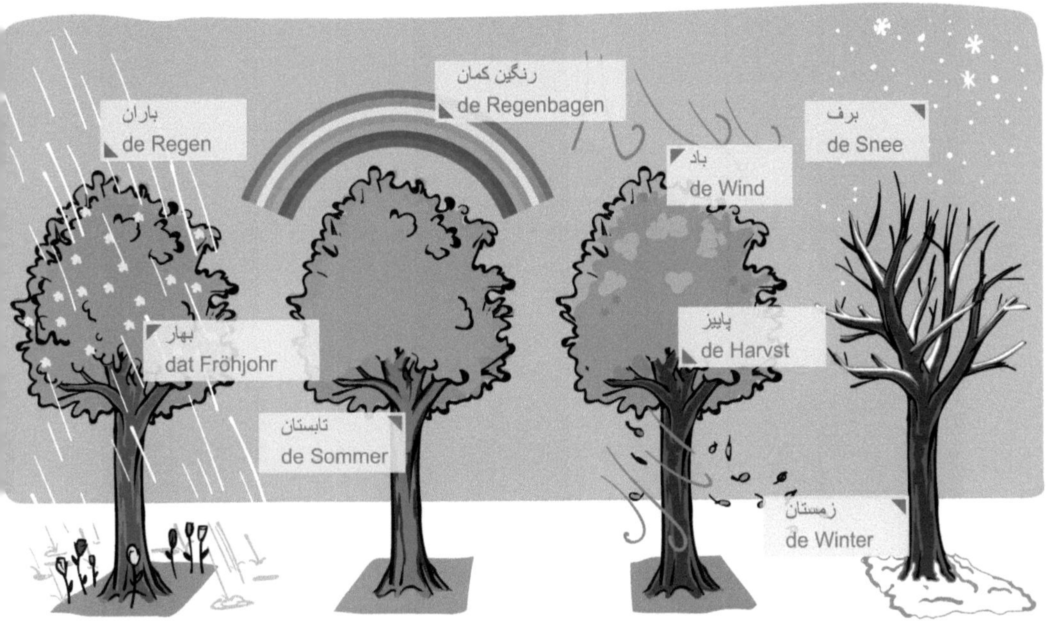

پیش‌بینی اوضاع جوی

de Wedervörhersaag

F
C
120
90
60
30
0
-30
40
30
20
10
0
-10
-20

دماسنج

dat Thermometer

تابش آفتاب

de Sünnenschien

ابر

de Wulk

مه

de Nevel

رطوبت هوا

de Luftfuchtigkeit

صاعقه

de Blitz

آسمان غره

de Dunner

طوفان

de Storm

تگرگ

de Hagel

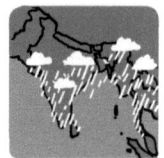

باد موسمی

de Monsun

سیل

de Floot

یخ

dat Ies

ژانویه

de Januormaand

فوریه

de Februormaand

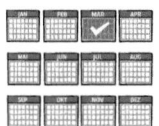

مارس

de Martmaand

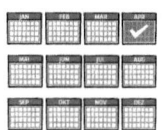

آوریل

de Aprilmaand

مه

de Maimaand

ژوئن

de Junimaand

ژوئیه

de Julimaand

آگوست

de Augustmaand

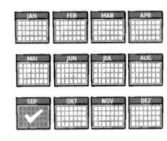

سپتامبر
de Septembermaand

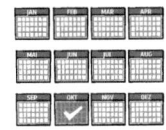

اکتبر
de Oktobermaand

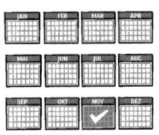

نوامبر
de Novembermaand

دسامبر
de Dezembermaand

دایره
de Krink

مربع
dat Quadrat

مستطیل
dat Rechteck

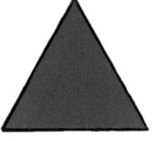

سه گوش
dat Dreeeck

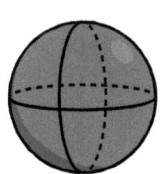

گره
de Kugel

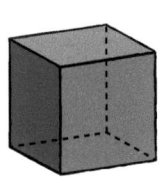

مکعب مربع
de Wörpel

سفید

witt

زرد

geel

نارنجی

orangsch

صورتی

pink

قرمز

root

بنفش

lila

آبی

blau

سبز

gröön

قهوه ای

bruun

خاکستری

gries

سیاه

swart

de Gegendelen

خیلی / کم

veel / wenig

خشمگین/ آرام

böös / verdreeglich

زیبا / زشت

smuck / mies

شروع / پایان

de Begünn / dat Enn

بزرگ / کوچک

groot / lütt

روشن / تیره

hell / düüster

برادر / خواهر

de Broder / de Süster

تمیز / آلوده

schier / schietig

کامل / ناقص

kumpleet / nich kumpleet

روز / شب

de Dag / de Nacht

مرده / زنده

doot / lebennig

پهن / باریک

breet / small

قابل خوردن / غیر قابل خوردن
....
geneetbor / nich geneetbor

غضبناک / مهربان
....
böös / fründlich

هیجان زده / بی حوصله
....
fickerig / langwielt

چاق / لاغر
....
dick / dünn

اولین / آخرین
....
toeerst / toletzt

دوست / دشمن
....
de Fründ / de Fiend

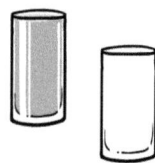

پر / خالی
....
vull / leddig

سفت / نرم
....
hart / week

سنگین / سبک
....
swoor / licht

گرسنگی / تشنگی
....
de Smacht / de Döst

مریض / سالم
....
krank / gesund

غیرقانونی / قانونی
....
nich na't Recht / na't Recht

باهوش / خنگ
....
klook / dummerhaftig

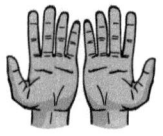

چپ / راست
....
linkerhand / rechterhand

نزدیک / دور
....
neeg / feern

نو / استفاده شده

nieg / bruukt

هیچ چیز / چیزی

nix / wat

پیر / جوان

oolt / jung

روشن / خاموش

an / ut

باز / بسته

apen / slaten

أهسته / بلند

lies / luut

ثروتمند / فقیر

riek / arm

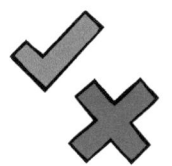

درست / غلط

richtig / verkehrt

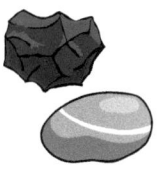

زبر / صاف

ruug / glatt

غمگین / خوشحال

trurig / glücklich

کوتاه / بلند

kort / lang

کند / تند

suutje / flink

تَر / خشک

natt / dröög

گرم / خنک

warm / köhl

جنگ / صلح

de Krieg / de Freden

0	1	2
صفر	یک	دو
null	een	twee

3	4	5
سه	چهار	پنج
dree	veer	fief

6	7	8
شش	هفت	هشت
söss	söven	acht

9	10	11
نه	دَه	یازده
negen	teihn	ölven

12

دوازده
....
twölf

13

سیزده
....
dörteihn

14

چهارده
....
veerteihn

15

پانزده
....
föffteihn

16

شانزده
....
sössteihn

17

هفده
....
söventeihn

18

هجده
....
achtteihn

19

نوزده
....
negenteihn

20

بیست
....
twintig

100

صد
....
hunnert

1.000

هزار
....
dusend

1.000.000

میلیون
....
million

de Spraken

انگلیسی
....
dat Engelsch

انگلیسی آمریکایی
....
dat Amerikaansch Engelsch

چینی ماندارین
....
dat Chineesch Mandarin

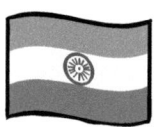

هندی
....
dat Hindi

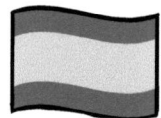

اسپانیایی
....
dat Spaansch

فرانسوی
....
dat Franzöösch

عربی
....
dat Araabsch

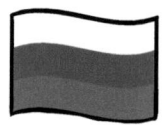

روسی
....
dat Rusch

پرتغالی
....
dat Portugiesch

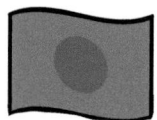

بنگالی
....
dat Bengaalsch

آلمانی
....
dat Düütsch

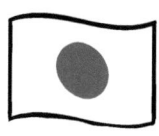

ژاپنی
....
dat Japaansch

من

ik

تو

du

♂ ♀ ⚲

او

he / se / dat

ما

wi

شما

ji

آنها

se

چه کسی؟ کی؟

keen?

چی؟

wat?

چگونه؟

woans?

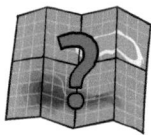

کجا؟

woneem?

کی؟

wannehr?

HELLO, I AM

نام

de Naam

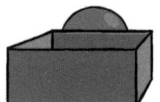

پشت
....
achter

توی
....
in

جلو
....
vör

بالای
....
över

روی
....
op

زیر
....
ünner

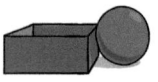

مجاور
....
blangen

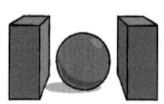

بین
....
twüschen

مکان
....
de Oort